Andrea Fettweis

Das Fettweis-Blog: Tipps, Gedanken und Kurioses aus dem Alltag

Andrea Fettweis

Das Fettweis-Blog: Tipps, Gedanken und Kurioses aus dem Alltag

Alle Texte, die zu schade sind, um sie in der Schublade zu lassen

Bloggingbooks

Impressum / Imprint
Bibliografische Information der Deutschen Nationalbibliothek: Die Deutsche Nationalbibliothek verzeichnet diese Publikation in der Deutschen Nationalbibliografie; detaillierte bibliografische Daten sind im Internet über http://dnb.d-nb.de abrufbar.

Bibliographic information published by the Deutsche Nationalbibliothek: The Deutsche Nationalbibliothek lists this publication in the Deutsche Nationalbibliografie; detailed bibliographic data are available in the Internet at http://dnb.d-nb.de.

Coverbild / Cover image: www.ingimage.com

Verlag / Publisher:
Bloggingbooks
ist ein Imprint der / is a trademark of
OmniScriptum GmbH & Co. KG
Heinrich-Böcking-Str. 6-8, 66121 Saarbrücken, Deutschland / Germany
Email: info@bloggingbooks.de

Herstellung: siehe letzte Seite /
Printed at: see last page
ISBN: 978-3-8417-7176-6

Das Fettweis-Blog

Autorin: Andrea Fettweis

Inhalt:

Themen:

Gesundheit

Knochendichtemessung wird bezahlt

Wer an Osteoporose oder zum Beispiel an einer rheumatoiden Arthritis leidet, bekommt seit Mai 2013 die Knochendichtemessung DXA von der Krankenkasse bezahlt, auch wenn keine Knochenbrüche vorliegen. Die Informationen, die man durch die Messungen erhält, können den Patienten helfen, Therapie und Medikation besser anzupassen.

Das Problem: Viele Ärzte verlangen Vorkasse, weil die entsprechende Abrechnungsziffer im System fehlt. Die Deutsche Rheuma-Liga e.V. setzt sich dafür ein, dass dieser Missstand schnell behoben wird und fordert den Spitzenverband der

Krankenkassen und die Kassenärztliche Bundesvereinigung auf, eine Abrechnung zu ermöglichen, damit die Patienten den Betrag (um 60 Euro) nicht auslegen müssen.

Dennoch sollte man nicht warten, bis die Abrechnungslage geklärt ist: Risikopatienten sollten regelmäßig zur DXA-Messung gehen, denn mit entsprechenden Medikamenten kann man die Knochendichte verbessern. Die Kosten werden ja auf jeden Fall erstattet.

Ich will fitter werden

Sicher kennen das viele von Euch: Man möchte so gern fit sein und vielleicht auch noch ein bisschen abnehmen, aber von allein geht das leider nicht. So hin und wieder habe ich mich auch aufgerafft, ein bisschen zu trainieren, aber regelmäßig... nun ja ... es klappt nicht so richtig. Dann sah ich neulich eine Anzeige in einer Zeitschrift, die ein Online-Fitness-Studio bewarb. Mit einem Gutschein für ein vierzehntägiges Gratistraining meldete ich mich an und war von der riesigen Auswahl an Fitness-Trainings angetan. Ohne aus dem Haus zu gehen und lange Wege in Kauf zu nehmen, kann man damit jederzeit etwas für seine Gesundheit tun. Das ist ein entscheidender Pluspunkt.

Fitnessraum.de heißt das Online-Studio, das über 300 verschiedene Kurse anbietet: Fatburner, Rückentraining, Stepdance, Yoga, Bauch-Beine-Po, Pilates, Bodyshaping, Tai Chi, Qi Gong und vieles mehr. Super finde ich, dass es von jeder Kategorie kurze, mittellange und längere Trainingseinheiten gibt, sodass man sich als Anfänger erst mal heran tasten kann. Mit dem ersten Klick auf einen Kurs kann man zunächst erkennen, wie schwer er ist und wie lange er dauert. Möchte man diese Übung gern machen, startet mit dem zweiten Klick das Video.

Am besten stellt man sich einen Laptop oder ein Tablet so hin, dass man sich davor gut bewegen kann. Also auf den Tischrand oder aufs Sofa. Ja, sogar Fitness auf dem Sofa gibt's! Das habe ich sofort ausprobiert und war begeistert.

Nachdem ich einige verschiedene Kurse getestet habe, werde ich mir nun einen Trainingsplan aufstellen. Da ich nicht ganz gesund bin, muss ich immer darauf Rücksicht nehmen und darf mich nicht überanstrengen. Dennoch kann ich an vielen dieser Kurse teilnehmen, zumal die Trainer oft leichtere Alternativen für schwere Übungen empfehlen. Mein erster Eindruck: Top!

Aller Anfang … ist leicht!

Damit ich morgens nicht gleich total kaputt bin, habe ich mir bei fitnessraum.de einige Qi Gong und Tai Chi Übungen herausgesucht und durchgeführt. Die Kurse dauern zwischen fünf und zehn Minuten. Die Bewegungen sind leicht nachzumachen, aber von der Wirkung nicht ohne. Ich bin erstaunt, wie frisch ich mich hinterher fühle und kein bisschen erschöpft! Super, das sind also schon mal Kurse, die sich für den Tagesbeginn für mich eignen. Mein Chi ist gefüllt und nun kann es mit Schwung an die Arbeit gehen.

Kick & Punch & Co

Inzwischen habe ich bei fitnessraum.de weitere Kurse ausprobiert und mich auch mal an die sportlicheren Varianten heran gewagt. Zwei Einführungen zum Kicken & Punchen waren gar nicht so schwer, wie ich dachte. Natürlich habe ich erst mal die kurzen Übungseinheiten genommen. Die kann man als Anfänger und unsportlicher Mensch, der ich inzwischen geworden bin, gut bewältigen und sie machen auch richtig Spaß!

Nach einer Woche Pause – ich war auf Reisen – wollte ich den Faden nicht abreißen lassen und war auf der Suche nach weiteren Kursen, die mich nicht allzu sehr überanstrengen sollten, zumal es derzeit ja ziemlich warm ist. Hitze und dann noch toben – geht für mich gar nicht. Also habe ich mir ein Training zu Gemüte geführt, das einen zwar nicht ins Schwitzen bringt, aber höchst effektiv ist. Cantienica© heißt die Methode, bei der man im Gegensatz zu anderen Workouts und Übungen nicht die Muskeln anspannt und somit verkürzt, sondern sie lang zieht. Das geschieht nach und nach mit allen Muskeln des Körpers, damit sich die Gelenke wieder frei bewegen können und auf die Dauer ein schlankeres Aussehen erreicht wird. Die Übungen sind anfangs ungewohnt, lassen aber bald erahnen, worum es geht. Ich habe beschlossen, am Ball zu bleiben und zu beobachten, wie sich das Training auswirkt.

Entspannung und Aktivierung durch Klänge

Kennt Ihr das auch? Ihr nehmt Euch vor, den Tag ruhiger angehen zu lassen, aber ausgerechnet dann kommen wieder tausend Dinge dazwischen. Und schon ist es vorbei mit der inneren Harmonie. Sind dann mal zehn Minuten Zeit, hat man keine Ruhe, sie zu nutzen. Mir geht es leider auch öfter so, daher habe ich lange nach einer Möglichkeit gesucht, sich umgehend zu entspannen: Ich habe verschiedene Klangschalen und ein Klangspiel gekauft, die zwar nicht ganz billig waren, aber dafür zauberhafte Klänge verbreiten. Von preiswerten Produkten muss ich wirklich abraten, da die Klänge meist keine Obertöne haben und somit wenig Wirkung zeigen.

Mir hat es besonders ein Klangspiel angetan, das eine frühlingshafte Stimmung vermittelt. Es ist über das Peter-Hess-Klangkonzepte-Shop erhältlich, wo man sich den Klang auch online anhören kann, obwohl er in natura noch schöner ist. Die Verwendung ist super einfach: Man nimmt das Klangspiel an seiner Aufhängung in die Hand und schon ertönen wunderbare Klänge. Nun kann man damit "spielen", indem man es hin- und her bewegt, kreisen lässt und so weiter. Ich bin so gebannt von den Klängen, dass ich mich automatisch damit beschäftigen möchte.

Übrigens ist gerade diese Klangkomposition ein perfekter Stimmungsaufheller für den Morgen. Wer schwer aus dem Bett kommt oder unter depressiver Verstimmung leidet, kann durch die Klänge eine wesentliche Verbesserung seiner Laune erreichen. Stellt das Klangspiel auf Euren Nachttisch, sodass Ihr es leicht erreichen könnt. Und dann einfach nur hoch heben und die Müdigkeit verschwindet im Nu!

Private Pflegevorsorge wird staatlich gefördert

Wie das Bundesministerium für Gesundheit am 6. Juni 2012 bekannt gab, hat das Bundeskabinett beschlossen, private Pflegezusatzversicherungen zu unterstützen. Wer eine freiwillige, private Pflegezusatzversicherung abgeschlossen hat, soll zukünftig 60 Euro im Jahr vom Staat dazu bekommen. Die Bedingung ist, dass es sich um eine Pflege-Tagegeld-Versicherung handelt, für die monatlich mindestens zehn Euro eingezahlt werden müssen. Die obere Grenze darf maximal die doppelte Leistung der sozialen Pflegeversicherung umfassen. Diese Regelung tritt am 1. Januar 2013 in Kraft.

Die Kehrseite der Medaille: Viele Menschen bekommen erst gar keine Zusatzversicherung, weil sie bereits chronisch krank sind, und erhalten auch keine staatliche Unterstützung. Wer krank ist, wird also doppelt bestraft. Anders gesagt: Wer den Schaden hat, muss mehr blechen…

Tag der Seltenen Erkrankungen am 29. Februar 2012

Leidet Ihr unter seltsamen Krankheitszeichen, die weder Ihr selbst noch Euer Arzt einordnen können? Dann besteht die Möglichkeit, dass Ihr unter einer der vielen sogenannten Seltenen Erkrankungen leiden, die nicht so bekannt wie z. B. Asthma oder Diabetes sind, aber dennoch behandelt werden können. Die Deutsche Rheuma-Liga macht alljährlich Betroffenen Mut, sich weiter zu informieren und beraten zu lassen. Am 29.2.2012 können Berufstätige die abendliche Telefonsprechstunde nutzen, um sich mit Experten zu auszutauschen. Tagsüber können sich Erkrankte und ihre Angehörigen von 10 bis 20 Uhr telefonisch oder im Forum bis zum 6.3.2012 Rat holen. Dieses Mal sind vor allem Patienten angesprochen, die an Lupus erythematodes, Morbus Wegener und andere Vaskulitiden, Adulter Morbus Still, Sapho Syndrom oder Chondritis erkrankt sind. Erreichen könnt Ihr die Experten unter der Telefon-Nummer: 0202 – 9 46 00 04. Weitere Informationen findet Ihr bei der Deutschen Rheuma-Liga unter Seltene Erkrankungen.

Ratgeber für jugendliche Rheumatiker auf Jobsuche

Als älterer Mensch, der durch eine chronische Erkrankung bei seiner Arbeit eingeschränkt ist, weiß man, welche Schwierigkeiten im Job auftreten können, und hat schon einige Übung, damit umzugehen. Als junger Rheumatiker einen geeigneten Beruf zu finden, ist allerdings nicht so einfach, denn es kommt nicht selten vor, dass der Alltag die eigenen Kräfte überfordert. Wie man trotzdem zu seinem Traumberuf kommt und schwierige Phasen überwindet, zeigt der neue Ratgeber der Deutschen Rheuma-Liga e.V. „Jobs und mehr – finde deinen eigenen Weg". Die 40-seitige Broschüre enthält zahlreiche Tipps von Experten und Betroffenen. Sie kann bei den Verbänden der Rheuma-Liga gegen 1,45 Euro für Rückporto bestellt werden. Weitere Informationen und Ansprechpartner gibt es im Internetportal für junge Leute mit Rheuma: http://geton.rheuma-liga.de

Kleine Übung stärkt das Immunsystem

Von meinem Osteopathen bekam ich heute einen tollen Tipp: Wenn man sich öfter mal locker in einem gleichmäßigen Rhythmus mit der Faust auf das Brustbein klopft, wird man seltener krank. Der Grund: Hinter dem oberen Teil des Brustbeins liegt die Thymusdrüse, die für unser Immunsystem zuständig ist und durch das Klopfen angeregt wird. Aber diese Übung kann noch viel mehr bewirken. Kennen Sie die Symptome einer sogenannten Springhüfte? Plötzlich treten heftige Schmerzen in der Hüfte auf, vor allem beim Treppensteigen, und man hat das Gefühl, nicht weitergehen zu können, weil die Kraft im Bein fehlt. Auch dagegen hilft die kleine Behandlung, die jeder problemlos selbst zu Hause jederzeit am besten täglich durchführen kann. Einfach mal ausprobieren!

Augentropfen richtig anwenden

In der kalten Jahreszeit und der Heizperiode trocknen die Schleimhäute wieder vermehrt aus. Auch die Bindehäute leiden, vor allem, wenn man viel mit dem Computer arbeitet. Neben regelmäßigen Pausen können hier Augentropfen helfen, die das Auge befeuchten. Leider passieren bei der Anwendung der Tropfen häufig Fehler, die die Wirksamkeit des Präparats herabsetzen oder die dem Auge sogar schaden können.

Vor der Anwendung der Augentropfen sollten diese auf Körpertemperatur angewärmt werden, zum Beispiel durch Tragen in der Hosentasche. Anschließend müssen die Tropfen so in den Bindehautsack geträufelt werden, dass die Pipettenspitze nicht das

Lid berührt, da sonst leicht Bakterien in das Medikament geraten und sich dort vermehren. Wer hierbei Schwierigkeiten hat, kann auf Eindosisbehälter ausweichen, die nur ein- oder zweimal verwendet werden. Auch die Anzahl der Tropfen ist entscheidend für die Wirkung, was allerdings eher für Präparate mit hochwirksamen Arzneistoffen gilt. Ältere Menschen, die durch eine Erkrankung feinmotorisch nicht mehr so geschickt hantieren können, sollten bei der Anwendung der Augentropfen unterstützt werden, sofern auch eine Applikationshilfe keine Erleichterung schafft. Last but not least muss das Mittel regelmäßig angewendet werden, damit die Augentropfen wirklich helfen können!

Ätherische Öle gegen entzündete Schweißdrüsen

Schwitzen tut bei diesen hochsommerlichen Temperaturen momentan jeder nicht zu knapp. Besonders unangenehme Erfahrungen machen allerdings viele Menschen, die zu entzündeten Schweißdrüsen neigen: In den Achselhöhlen entstehen harte schmerzende Knubbel, die auch durch Schmerzmittel oder Zugsalbe nicht zu beeindrucken sind. Da auch meine Tochter wiederholt damit Probleme hatte, aber ungern zum Arzt gehen wollte, zumal sie schon davon gehört hatte, dass die Knoten herausgeschnitten werden könnten, versuchte ich es mit einem Medikament, das auf keinen Fall schaden konnte:

Ich gab einige Tropfen Salviathymol auf einen großen angefeuchteten Wattepad und klemmte ihn meiner Tochter unter die Achsel, die zuvor mit einer milden Seife gewaschen wurde. Das Mittel ist eigentlich für entzündete Stellen an der Mundschleimhaut und am Zahnfleisch gedacht und enthält verschiedene ätherische Öle, die sowohl entzündungshemmend als auch schmerzstillend sind. Innerhalb eines Tages waren mit dieser Behandlung die Knubbel fast verschwunden, am nächsten Tag hatte meine Tochter keine Schmerzen mehr! Ein überzeugender Erfolg! Sicher kann man diese Lösung noch gegen andere entzündliche Stellen einsetzen, z.B. gegen extrem juckende Mückenstiche.

Kreativ sein gegen chronische Schmerzen

Wer unter heftigen chronischen Schmerzen leidet, kennt das Gefühl: Man möchte sich nur noch im Bett verkriechen und darauf warten, dass sie bald vorübergehen.

Leider tun sie das meist nicht, im Gegenteil, man nimmt sie nur noch stärker wahr. Bleibt nur noch die Möglichkeit, ein starkes Schmerzmittel einzunehmen, das jedoch erhebliche Nebenwirkungen hat und müde macht. Da hilft nur eins: Ablenkung! Vor allem kreative Beschäftigungen, die man ausführen kann, auch wenn die Bewegungen teilweise eingeschränkt sind, helfen, die Schmerzen aus dem Bewusstsein zu verdrängen. Während eines schöpferischen Prozesses werden sie nur noch reduziert wahrgenommen, weil die Konzentration auf der Beschäftigung mit einer angenehmen Tätigkeit liegt.

Besonders wohltuend empfinde ich das beim Malen, weil Farben eine große Wirkung auf das Wohlbefinden haben. Wer nicht mit Zeichenstift und Pinsel umgehen mag, kann es mit der Fotobearbeitung versuchen. Hierbei können durchaus Bilder verwendet werden, die nicht besonders gelungen sind oder ein wenig langweilig wirken. Spielt ein bisschen mit den Werkzeugen Eures Fotobearbeitungsprogramms und schaut, welche Effekte sich ergeben! Fantastische Wirkungen kann man auch mit Texturen erzielen, d.h. man legt zwei oder mehr Bilder übereinander, wobei die oberen Schichten transparenter gemacht werden, damit das Hauptmotiv durchscheint. Wenn Ihr Euch solche kreativen Aktionen zunächst nicht zutraut, schaut Euch auf den vielen Online-Galerien um und lasst Euch inspirieren. Auch das Anschauen von Bildern lässt die Schmerzen vergessen!

Gesundheitsvorsorge mithilfe sanfter Berührungen

Für seine Gesundheit kann jeder etwas tun, ohne dass es etwas kostet: Mithilfe von Heilströmen stimuliert man seine Energiepunkte und löst damit Blockaden, bevor sie zu ernsthaften Erkrankungen führen. Die schnelle, einfache Variante des Heilströmens kann jeder an seinen Fingern durchführen, an denen sämtliche Energiepunkte des Körpers erreichbar sind. So geht's: Nacheinander jeden Finger etwa drei Minuten lang mit der anderen Hand locker umschließen und halten. Das kann man jederzeit auch ganz nebenbei machen, während man irgendwo warten muss oder nichts zu tun hat, z. B. beim Busfahren, in Konferenzen oder beim Fernsehen. Somit hält sich sogar der zeitliche Aufwand in äußerst geringen Grenzen!

Salz tut Haut und Schleimhaut gut

Nicht neu, aber immer wieder erstaunlich wirksam ist ein Dampfbad mit Salzwasser. Ob man nun unter einer Erkältung leidet oder einfach nur trockene Schleimhäute von der Heizungsluft hat: Die salzigen Dämpfe befeuchten sie nachhaltig. Eine preiswerte Medizin und noch dazu ein Schönheitsmittel für die Haut, denn auch sie profitiert von dem Dampfbad. Am besten nimmt man eine Schüssel in der Größe der Gesichtsfläche, gibt einen Esslöffel Salz hinein und gießt kochendes Wasser dazu. Empfindliche Menschen lassen die Lösung einen Augenblick stehen, ansonsten gilt: Das Gesicht über den Dampf halten und den Abstand dabei so groß halten, dass die Wärme angenehm ist. Man muss auch nicht unbedingt ein Tuch über den Kopf legen, was ja doch ziemlich beengend wirken kann. Noch einen Vorteil hat diese Anwendung: Man hat die Zutaten immer im Haus, sodass man sich jederzeit versorgen kann. Einfach, aber genial!

Der Trick gegen den Hick

Tipps und Tricks gegen einen lästigen Schluckauf gibt es ja viele. Was habe ich nicht schon alles probiert! Womit ich aber tatsächlich gute Erfahrungen gemacht habe, ist Folgendes: Man hält sich die Nase zu und trinkt mehrere kleine Schlucke Wasser hintereinander. Das fühlt sich zwar unangenehm an und knackt in den Ohren, hilft aber garantiert. Beim nächsten "Hick" mal testen!

Falle des Gesundheitssystems: das Hausarztmodell

Eigentlich sollte es den Patienten ja diverse Vorteile schaffen, vor allem Vergünstigungen und eine sorgfältige Betreuung: das Hausarztmodell. Wer auch immer davon profitieren mag, ich bin es ganz bestimmt nicht! Selbst die Praxisgebühr muss ich weiterhin zahlen, obwohl es zunächst hieß, dass sie entfallen würde. Zu Beginn des neuen Jahres durfte ich sogar zweimal in die Tasche greifen: Da ich am ersten Arbeitstag des Quartals keine Überweisung für den Orthopäden parat hatte (noch kann ich mich nicht zweiteilen und gleichzeitig an zwei verschiedenen Orten auftreten...), musste ich dort zehn Euro zahlen. Eine Überweisung zum Hausarzt konnte ich dennoch nicht bekommen, weil ich am Hausarztmodell teilnehme. Das heißt, ich darf nur Überweisungen vom Hausarzt bekommen. Also muss ich nochmal zehn Euro berappen, um vom Hausarzt behandelt zu werden. Nun könnte man meinen, dass ich vielleicht die Überweisung vom Hausarzt an den Orthopäden nachreichen könnte. Mit so viel Flexibilität ist man jedoch in der Facharztpraxis überfordert. Fazit: Wer krank ist, hat nicht nur Beschwerden, sondern muss auch mehr bezahlen und ist gleich zweifach benachteiligt... Seit 2014 ist die Praxisgebühr endlich wieder abgeschafft und Überweisungen werden nicht mehr unbedingt benötigt.

Pflege von demenzkranken Menschen: Martin Woodtli und sein Alzheimerzentrum in Thailand

In der Talk-Sendung mit Günther Jauch stellte der curendo- und Buchautor Martin Woodtli ein ungewöhnliches Projekt vor: Da er für seine demenzkranke Mutter keine befriedigende Pflegemöglichkeit in der Schweiz fand, nahm er sie mit nach Thailand, wo er sich bereits aufgrund früherer Tätigkeiten gut auskannte. Dort wird seine Mutter nun von freundlichen Pflegerinnen versorgt, die sich rund um die Uhr um sie kümmern. Dass die Thailänderinnen kein Deutsch sprechen, spielt beim Umgang mit der demenzkranken Dame keine Rolle, da sie sich ohnehin nicht mehr auf diese Weise verständigen kann. Dafür wird sie mit sanften Berührungen, einer freundlichen Stimmung und viel Zeit verwöhnt. Auch Fachpersonal steht zur Verfügung, um die medizinische Versorgung zu gewährleisten.

Herr Woodtli fand diese Art der Pflege so überzeugend, dass er sie auch anderen Betroffenen zugänglich machte. Inzwischen haben sich 12 Pflegebedürftige in Martin Woodtlis Alzheimerzentrum in die Obhut der Thailänderinnen begeben. Sie werden dort als Gäste betrachtet, die wie Urlauber ein entsprechendes Programm und Anregungen geboten bekommen. Auf einen Gast kommen drei Pflegerinnen, die für das Wohl der Demenzkranken sorgen. Eine derartig intensive Pflege wäre weder in Deutschland noch in der Schweiz möglich, da sie schlicht zu teuer wäre. Dazu kommt, dass die Thailänder eine völlig andere Einstellung zum Thema Pflege haben: Für sie ist es eine große Ehre, für einen alten und kranken Menschen da zu sein. Darüber sollten auch wir einmal nachdenken.

Dennoch ist dieses Projekt keine Lösung für alle Pflegebedürftigen in Deutschland bzw. Europa, meint auch Martin Woodtli. Was er mit seiner Form der Pflege vermitteln möchte, ist ein Anstoß zum Umdenken: Die Pflege in Heimen und auch zu Hause kann nicht das einzige Angebot sein, um den Bedarf zu decken. Wir brauchen insgesamt mehr und andere Pflegeformen, die die persönlichen Bedürfnisse aller Betroffenen befriedigen können. Auch die Kosten sind ein Problem, das anders gelöst werden muss als bisher.

Ich will fitter werden, Versuch Nr. Äääähh.... (Glosse)

Heute wird geturnt! Nachdem sich mein Fitnessprogramm gesundheitsbedingt über die letzten Monate eher im Ruhemodus befand, mein Bauch sich jedoch keck durch die luftige Sommerkleidung durchdrückt, schiebe ich heute mal wieder die DVD „Bodyformer & Fatburner intensiv“ mit Michaela Süßbauer in den Player hinein. Die ersten sieben Minuten ist Mobilisation angesagt: Schultern und Arme kreisen, Becken vor und zurück kippen - hey, was bin ich sportlich! Dann kommt die Übung, bei der man auf einem Bein steht und das andere vor und zurück schwingt. Ohne Festhalten! Mit Baucheinziehen. Halt mal an, Frau Süßbauer, ich kann das nicht! Frau Süßbauer lächelt fröhlich und schmeißt ihre Beine in die Höhe. Ich rudere wild mit den Armen und versuche, mir nicht die Knochen zu brechen. Endlich hört sie auf und ich atme tief durch. Zu früh gefreut!

Jetzt beginnt nämlich das nächste Modul: das Bauch Special. Dauert 12:26 Minuten. Sieht eigentlich ganz einfach aus. Sämtliche Bauchmuskeln sollen im Stehen und

Gehen gecruncht werden. Besser als die tödlichen Sit-ups, denke ich, und mache brav mit. Frau Süßbauer erhöht das Tempo. Nach links gehen, dabei die Arme seitlich strecken, nach rechts gehen und die Unterarme vor dem Gesicht mit Fäusten nach oben halten und nach unten ziehen und linker Ellenbogen zum rechten Knie, viermal, und rechter Ellenbogen zum linken Knie, auch viermal, und wieder zur Seite steppen mit seitlich ausgestreckten Armen und ich kann nicht mehr! Frau Süßbauer, mach doch mal langsamer! Inzwischen weiß ich nicht mehr, wohin ich meine Knie tun soll, nach welcher Seite die Arme gestreckt werden und mein Becken befindet sich auch nicht mehr in der optimalen Haltung. Außerdem habe ich Rücken, Bauchkrämpfe und mein Kopf dröhnt. Schuld ist aber nicht die sympathische Frau Süßbauer, sondern mein höchst unwilliger Körper, der zudem mindestens 30 Jahre älter ist der meiner Fitnesstrainerin. Schwitzend liege ich auf dem Bett und massiere meinen verkrampften Bauch. Ob Massage auch gegen Wampe hilft? Die Wampe wabbelt vorwurfsvoll. Übermorgen gibt es Bauch Special, die Zweite. Wäre doch gelacht! Frau Süßbauer und ich, wir schaffen das!

Neulich beim Arzt im Wartezimmer: Wer lästert, fliegt raus!

Schwindelig und von heftigen Kopfschmerzen sowie anderen lästigen Beschwerden geplagt wanke ich gegen Mittag ins Wartezimmer meiner Hausärztin. Die Bude ist knallvoll und mich ergreift blanke Panik auf die Aussicht, stundenlang stehen zu müssen! Glücklicherweise ist gerade noch ein Stuhl frei und eine aktuelle Klatschzeitung liegt auch bereit. Ergeben sinke ich tief in meinen Sitz und lasse mir Zeit beim Lesen. Während ich mir die diversen Hochzeiten, Seitensprünge oder Scheidungen der Promis reinziehe, höre ich den Gesprächen der anderen Patienten zu. Daraus entnehme ich, dass die ganze Bagage hier schon sehr lange verweilt, ohne dass jemand aufgerufen wird. Man zieht sogar in Erwägung, dass Frau Doktor vielleicht gar nicht mehr anwesend und bereits mit ersten Weihnachtseinkäufen beschäftigt ist. Es geht auf 13 Uhr zu, daher fangen die anwesenden Mägen an zu knurren. Man erwartet inzwischen, dass wir hier mit Mahlzeiten versorgt werden und überlegt, wie viele Wahlessen wohl angeboten werden.

Endlich wird jemand aufgerufen, was freudig beklatscht wird. Der Drankommende verspricht, sich zu beeilen. Die Arzthelferinnen kämpfen sich durch die

Patientenversorgung, ständig klingelnde Telefone und Impfungen. Zwischendurch werden einige Anfragen neuer Patienten oder Anrufe mit dreisten Lügen abgewimmelt, was vom gesamten Wartezimmer bezischt oder höhnisch belacht wird. Die leitende Helferin wird verdächtigt, den Laden generalstabsmäßig nach ihren Vorstellungen zu terrorisieren. Da die Türen offen stehen, kommt auch prompt die misstrauische Frage:

"Wer lästert hier über mich?"
Im A-cappella-Sound wird sie beschwichtigt:
"Keiner! Würden wir uns doch NIE erlauben!"

Eigentlich ist es hier richtig gemütlich: super Stimmung trotz diverser Wehwehchen und knallharte Sprüche. Fast bin ich ein wenig enttäuscht, als ich schon nach einer Stunde Wartezeit drankomme. Und als ich nach Hause gehe, merke ich, dass es mir schon besser geht. Lachen ist eben doch die beste Medizin! Vielleicht sollte man in jedes Wartezimmer einen Clown setzen.

Haushalt

Aufgeräumt – und verschwunden!

Ab und zu bekomme ich einen Aufräumanfall. Alles wird säuberlich geordnet, neu sortiert und verstaut. Nicht mehr benötigte Dinge werden weggeworfen, die Kleidung schön gefaltet, Kleinteile hübsch in Kästchen verstaut. Schließlich sieht der Raum wie frisch eingerichtet aus und ich freue mich wie Bolle über das Ergebnis.

Da nun wieder Platz zum Arbeiten ist, geht alles gleich viel flotter von der Hand. Alles? Wo, zum Teufel, habe ich eigentlich die Büroklammern hingetan? Wo sind denn nochmal die Briefmarken? Und wo habe ich den Locher versteckt??? Immer wieder das Gleiche! Kaum habe ich aufgeräumt, finde ich nichts mehr wieder! Offensichtlich sortiert mein kreatives Hirn die Gegenstände immer wieder anders ein und könnte sich mehrere praktische Orte für einen Radiergummi vorstellen.

Gerade räume ich wieder auf. Doch diesmal trickse ich mich selbst aus! Damit ich alle wiederfinde, habe ich mir vorgenommen, ein Heftchen anzulegen, in das ich notiere, wo ich was hingelegt habe. Alphabetisch. Wenn ich nur wüsste, wohin ich beim letzten Aufräumen die neuen Heftchen gelegt habe...

Erste Hilfe Nähbox

Immer, wenn ich es eilig habe, baumelt prompt ein Mantelknopf am letzten Faden, brauche ich dringend ein paar Sicherheitsnadeln, will ein neues Häkelmuster testen, geht der Faden nicht durchs Nadelöhr oder es muss die neue Hose gekürzt werden. Doch wo, zum Teufel, hatte ich doch gleich die entsprechenden Werkzeuge hin geräumt?

Da ich viele verschiedene Kreativkisten eingerichtet habe, suchte ich mich immer dumm und dusselig, um zum Beispiel lediglich eine passende Nähnadel zu finden. Da ich nicht länger wertvolle Zeit verschwenden wollte, habe ich mir eine große Klickbox zugelegt, in der ich alle "Erste Hilfe"-Werkzeuge untergebracht habe, u. a. auch eine Näh-und Bastelschere. Scheren verdunsten ja grundsätzlich auf geheimnisvolle Weise...

Neben Strick-, Häkel-, Näh- und Sticknadeln tummeln sich nun die mitgelieferten Ersatzknöpfe meiner Kleidungsstücke, außerdem Druckknöpfe, Sicherheitsnadeln in verschiedenen Größen, Schmuckbänder, Saumfix zum schnellen Kürzen einer Hose, ein paar Garnrollen in den am meisten genutzten Farben und andere Nähhilfen. Wenn ich beim Einkaufen etwas sehe, was ich gebrauchen kann, wandert es sofort in die Kiste. Die steht natürlich nicht irgendwo gut verstaut, sodass ich sie nicht wiederfinde, sondern in meinem Arbeitszimmer, damit sie jederzeit greifbar ist. Vermisse ich ein Objekt in meiner Kiste, kommt es sofort auf den Einkaufszettel.

Habt Ihr auch solche Kisten? Was bewahrt Ihr darin auf? Ich freue mich immer über neue Tipps! Simplify your day!

Haushaltstipp: Portionsweise aufräumen und Fehlendes ergänzen

Gehört Ihr auch zu den Aufräum-Muffeln? Allein der Anblick der Unordnung, die sich vor Euch türmt, macht Euch bereits müde? Aber irgendwann ist es soweit: Man findet nichts wieder und es sieht einfach hässlich aus oder es kommt Besuch. Nicht neu, aber immer wieder entscheidend dafür, dass man überhaupt mit dem Aufräumen anfängt, ist dieser Trick: Räumt nur "häppchenweise" auf – und haltet einen Block sowie einen Stift bereit. Nehmt Euch nur ein Fach, eine Tischfläche oder eine Ecke vor und räumt diese gründlich auf. Unbrauchbare Dinge werft Ihr sofort weg. Dazu gehören auch die, die Ihr nie benutzt, weil Ihr sie nicht mögt! Auch wenn es ein Geschenk von einem lieben Mitmenschen ist: weg damit! Sachen, die an einen anderen Ort gehören, bringt Ihr direkt dort hin und lagert sie nicht erst irgendwo zwischen! (Ja, ja, kenne ich nur zu gut!)

Den Rest unterteilt Ihr in Dinge, die Ihr häufiger braucht und welche, die Ihr nur gelegentlich benutzt. Dann kommt der Memoblock zum Einsatz: Schreibt sofort auf, wenn etwas fehlt. Sortiert Ihr zum Beispiel Eure Deko-Sachen, schaut nach, ob noch genug Kerzen und Servietten vorhanden sind. Sind in der Schreibtischschublade noch genügend Briefmarken, Klammern für Versandtaschen und Gummiringe da? Nehmt die fehlenden Dinge beim nächsten Einkauf mit und sortiert sie sofort ein. Nicht auf dem Küchentisch liegen lassen!

Der Nebeneffekt dieser Aktion ist: Wenn man erst eine Schublade etcetera in dieser Weise auf den neusten Stand gebracht hat, macht es richtig Spaß, die nächste unordentliche Ecke aufzuräumen. Viel Spaß beim Räumen!

Hausputz: Tipps gegen Kalkablagerungen im Bad

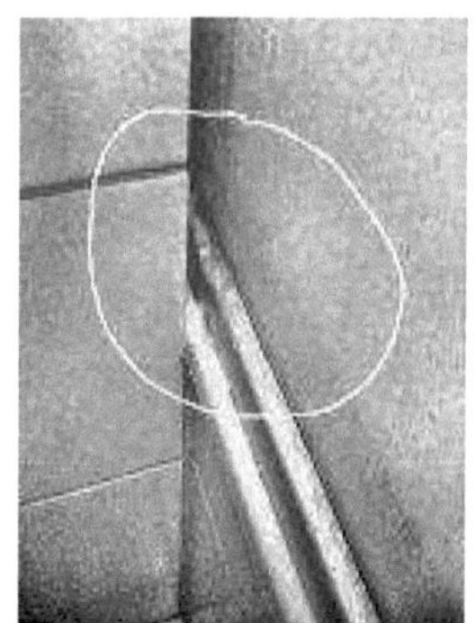

Habt Ihr auch solche fiesen Ränder in Euer Dusche oder Wanne? Bei kalkhaltigem Wasser und Duschkabinen, die aus keinem pflegeleichten Material hergestellt sind, passiert es leicht, dass trotz regelmäßiger Reinigung solche Verkrustungen entstehen. Unsere lassen sich auch nicht mit den stärksten Reinigern und Bürsten entfernen. Als Ästhet gehen mir diese unschönen Ränder auf die Nerven, also startete ich mal wieder einen Versuch, sie zu bekämpfen. Zuvor hatte ich bereits die Abflüsse gereinigt und weil ich keine scharfen Mittel verwenden wollte, versuchte ich es mit Gebissreiniger-Tabletten, die wir sonst für die Säuberung von Vasen nehmen. Zwei Tabletten pro Abfluss zerkleinern und hineinbröseln, etwas Wasser nachspülen und siehe da – nach einer Weile fließt das Wasser wieder tadellos ab!

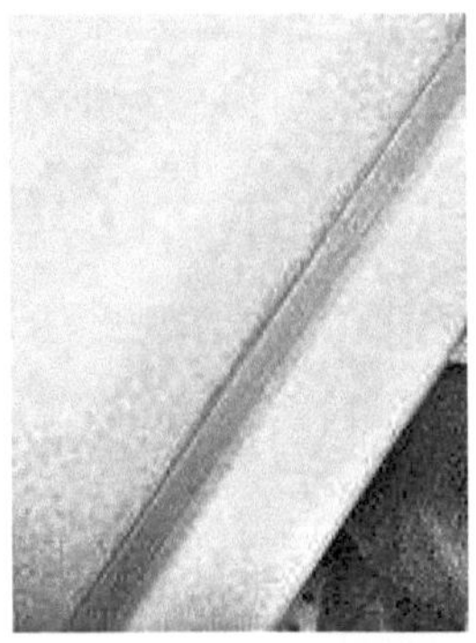

Also kam ich auf die Idee, die Gebissreiniger-Tabletten auch gegen die Kalkkrusten einzusetzen. Ich nahm zwei Tabletten und löste sie in einem Plastikbecher mit etwa 50 ml Wasser auf. Den entstehenden Schaum verteilte ich mit einer schmalen Bürste auf die betroffenen Stellen und ließ sie eine Stunde einwirken. Dann bürstete ich die Stellen nochmal mit einer harten Bürste ab und spülte mit klarem Wasser nach. Auch hier zeigte sich die tolle Wirkung! Die schlimmsten Beläge sind noch nicht völlig verschwunden, aber deutlich weniger geworden. Die schwächeren Krusten sind weg. Und zwar ohne Verätzungen der Atemwege, die man bei den üblichen scharfen Reinigern leicht bekommt! So sieht es doch schon besser aus, oder?

Effektiver und preiswerter putzen

Was gibt es nicht alles für raffinierte Putzmittel! Im Drogeriemarkt findet man für jeden Dreck ein Spezialreiniger: Ob Fett, Schmutz, Kalk oder noch Schlimmeres, jede Raumpflegeserie hat für jedes Problem eine passende Reinigungsessenz. Das füllt den Putzschrank und entleert das Portemonnaie. Dabei geht es auch preiswerter und viel effektiver! Um etwa ein Badezimmer strahlend sauber zu bekommen, bedarf es keiner Hightech-Putzmittel, sondern lediglich Geschirrspülmittel und Klarspüler aus der Küche!!! Fette, Seifenreste und Schmutz werden durch ein Geschirrspülmittel hervorragend gelöst, die Becken spiegelblank und herrlich glatt. Schließlich müssen sie ja auch in der Küche Schwerstarbeit leisten und dort noch viel hartnäckigere Probleme lösen.

Der angenehme Nebeneffekt ist, dass dieses Putzmittel nicht so aggressiv riecht und auch für die Hände schonender ist. Außerdem reicht ein billiges Produkt aus dem Discounter. Ähnlich funktioniert der Klarspüler, der sonst in der Geschirrspülmaschine verwendet wird. Ein kleiner Schuss auf einen feuchten Schwamm gegeben, bringt er Armaturen und andere metallhaltige Gegenstände in Bad und Küche zum Glänzen. Auch er ist so mild, sodass man im Gegensatz zu den üblichen Kalklösern bei der Anwendung nicht mit einer abgelösten Nasen- und Bronchialschleimhaut rechnen muss. Also hat man hier zwei wirksame und günstige

Produkte, die ohnehin im Haus sind, ständig zur Verfügung!

Reisen

Souvenir aus Sachsen: ein kleines Wort

Zum zweiten Mal hielten wir uns diesen September (2013) für zwei Wochen in der Sächsischen Schweiz auf und genossen nicht nur die wunderschöne Umgebung und leckeres Essen, sondern auch die herzliche Gastfreundschaft. Besonders entzückend finden wir ein kleines Wort des sächsischen Dialekts, sodass wir regelrecht darauf warteten, es immer wieder zu hören: No. Das heißt nicht etwa "Nein" oder "Gibt's hier nicht" oder sonst etwas Abwehrendes. Im Gegenteil! No (das o wird kurz und wie in dem Wort "offen" gesprochen) kann eigentlich alles Mögliche heißen. Zum Beispiel: ja, gerne, selbstverständlich, das ist eine gute Entscheidung, na also, geht doch - in jedem Fall ist es ein zustimmender Laut. Den wir inzwischen adoptiert haben und nun wieder zu Hause im Nordrhein-Westfälischen Jülich aus lauter Begeisterung und Erinnerung an die netten Leute aus Sachsen weiter benutzen. No!

Besuch bei Edel & Stein in neuen Geschäftsräumen in Monschau

Gestern war das Wetter endlich perfekt - nicht zu warm, nicht zu kalt - und daher bestens für einen Ausflug nach Monschau geeignet. Das alte Tuchmacherstädtchen in der Eifel ist eins unserer Lieblingsausflugsziele, denn trotz vieler Touristen bleibt es immer noch romantisch und pittoresk mit seinen alten Fachwerkhäuschen. Wenn wir nach Monschau kommen, gehört der Besuch in einem besonderen Geschäft dazu: Edel & Stein. Karin Frenken und ihr Mann sind inzwischen von dem kleinen Eckladen in der Laufenstraße in die Rurstraße 14 gezogen und können nun ihr riesiges Angebot besser präsentieren.

Von Edelsteinen, Fossilien, Schmuck über Filz, Salzlampen, esoterischem Zubehör und vielem mehr findet der Besucher so viele verschiedene Produkte, dass man sich

schon mal etwas länger dort aufhalten muss, um alles zu bestaunen. Auch ausgefallene Stücke wie einen zwei Meter hohen versteinerten Orthoceras oder hüfthohe Amethyst-Drusen bereichern das Sortiment. In jedem Fall ist für jeden Geldbeutel etwas dabei, sodass man immer einen kleinen oder großen Schatz mit nach Hause nehmen kann.

Einkaufsvergnügen Rue de Mouffetard in Paris

Neuerdings wohne ich gern im Hôtel Saînt Jacques in der Rue des Écoles nahe der Sorbonne, wenn ich nach Paris reise. Das Viertel liegt so zentral, dass man viele interessante Ziele zu Fuß erreichen kann. Ein absolutes Vergnügen bereitet zum Beispiel das Einkaufen in der 15 Minuten entfernten Rue Mouffetard. Sonntags findet hier ein Markt statt und ist es sehr voll. Diesmal war ich an einem Freitag dort, sodass man sich in Ruhe die vielen kleinen Geschäfte anschauen konnte. In dieser Straße findet man wirklich alles, was das Herz begehrt! Und vor allem zu annehmbaren bis sogar sehr günstigen Preisen!

Wer wie ich mal wieder von den großen Kaufhäusern der Stadt enttäuscht ist, weil man für ein Kleid keine 500 Euro bezahlen möchte beziehungsweise kann, der ist in der Rue Mouffetard gut aufgehoben. Neben Kleidung, Schuhen, Schmuck, Parfum und so weiter findet man hier Käsespezialitäten, frisches Obst und Gemüse, Meerestiere, Wein, Süßigkeiten und andere Delikatessen. Viele Lokale laden zum Verweilen und Schmausen ein. Auf der Straße herrscht auch an Nicht-Markttagen ein buntes Treiben mit Leuten, die kaum unterschiedlicher sein könnten. Oft gibt es am Ende der langen Straße auf dem Platz Musik, zu der getanzt und mitgesungen wird. Ach ja, Paris hat es einfach, das Savoir-vivre! À la prochaine fois!

Sentimental Journey

Während mir die herbstliche Kühle so richtig in die Knochen kriecht, obwohl die Heizung angeschaltet ist, hocke ich im Schein meiner Schreibtischlampe am PC und bearbeite meine Urlaubsbilder vom Elbsandsteingebirge. Dort hatten wir etliche Ausflüge unternommen, also sind die Motive der Aufnahmen recht vielfältig. Von lebhaften Steinformationen der Bastei, Flussimpressionen während einer Raddampferfahrt auf der Elbe, architektonischen Leckerbissen aus Dresden, dem Getümmel in Prag bis zu den mystischen Schluchten mit hohen Bäumen und Moos zwischen den Bergen ist alles dabei.

Die Bastei ist ein beliebtes Ausflugsziel, das tagsüber reichlich besucht wird. Ab neun Uhr morgens (zumindest im September war das so) strömten die Touristen aus aller Welt schnatternd den schönsten Aussichtspunkten entgegen, sodass es eigentlich ein Wunder war, dass die diversen Brücken nicht zusammenbrachen. Besonders zahlreich waren die asiatischen Gäste, die ihre guten Manieren hier offensichtlich vergaßen und wegen eines begehrten Schnappschusses andere Besucher gnadenlos zur Seite schubsten. Wie gut, dass wir unser Quartier direkt vor Ort hatten und zu den schönsten Tageszeiten - nämlich dann, wenn kein anderer mehr da war –

morgens und abends die fantastischen Panoramen und Details bei bestem Licht einfangen konnten. Und die Stille! Herrlich!!! Nach und nach werde ich meine Webseite mit den schönsten Aufnahmen bestücken. Aber auch an diese Stelle sollen einige besondere Bilder nicht fehlen:

Intuitives Bogenschießen auf Spiekeroog

Neben der wunderbaren und abwechslungsreichen Natur hält Spiekeroog ein umfangreiches Programm für seine Gäste bereit. Unter anderem werden in diesem Jahr etliche Kurse für Kinder, Jugendliche und Erwachsene im Bogenschießen angeboten. Der Kursleiter Walter ist ein Deutscher, der in Gran Canaria seine neue Heimat gefunden hat und dort auch Kurse im Bogenbau und Bogenschießen sowie weitere kreative Programme abhält. In diesem Sommer verschlug es ihn in den kühlen Norden, wo er Jung und Alt mit der traditionellen Technik des Bogenschießens begeistert. Da ich diese Sportart schon immer kennen lernen wollte, meldete ich mich für einen Workshop an.

Hinter dem sogenannten Schwimmdock auf Spiekeroog befindet sich eine geschützte Fläche, die für das Bogenschießen ideal geeignet ist. Walter wies uns zunächst kurz in die Geschichte des Bogenschießens ein und zeigte einige eindrucksvolle Pfeile mit verschiedenen, sehr scharfen Spitzen. Dabei gibt es Pfeile für kriegerische Zwecke und welche, die ausschließlich der Jagd vorbehalten sind. Da wir das Jagen heute nicht mehr in dieser Form durchführen können oder wollen und diese Art des Bogenschießens vielmehr ein Ausgleich für Körper und Seele darstellen soll, verwenden wir dafür natürlich keine scharfen Spitzen.

Worauf es bei der intuitiven oder meditativen Art des Bogenschießens ankommt, ist die Entspannung, die Konzentration auf die bevorstehende Bewegung und das Nachspüren des ausgeführten Schusses. Ob man dabei die Schießscheibe in der Mitte trifft, spielt zunächst keine Rolle. Anfangs waren wir damit beschäftigt, die technischen Details des Schießens umzusetzen. Der Bogen muss in einer bestimmten, dennoch individuellen Weise gehalten werden, der Pfeil korrekt eingenockt werden, die Sehne leicht gespannt und der Bogen schließlich angehoben werden, bevor der Pfeil losgelassen wird. Auch die Atmung spielt eine wichtige Rolle, da sie ein wesentliches Element für die Konzentration und die Entspannung ist, die das intuitive oder meditative Bogenschießen ausmachen.

Bevor der Pfeil losgelassen wird, muss der Bogen in der richtigen Stellung gehalten werden, damit man sich nicht verletzt. Walter zeigte jeden Schritt, aus dem die Bewegung des Bogenschießens besteht und auch jeden möglichen Fehler, den wir vermeiden sollten. Traten dennoch Probleme auf, wurden diese sofort besprochen. Ein streng geregelter Ablauf verhinderte, dass jemand aus Versehen in die Schusslinie geriet.

Einerseits fand ich es faszinierend, wie schnell man das Bogenschießen lernt. Obwohl es anfangs nicht darum ging, genau zu schießen, sondern eine flüssige Bewegung zu gestalten, traf ich sofort die Scheibe. Andererseits schlichen sich nach einigen Schüssen kleine Fehler ein, sodass die Sehne am ungeschützten Teil meines Unterarms entlang surrte, was ein leichtes Brennen verursachte. Einmal hielt ich die Sehne zu dicht an der Nase, sodass sie sich hinterher leicht geprellt anfühlte. Dank Walters Intervention konnten wir solche Fehler jedoch gleich ausmerzen und unsere Haltungen immer wieder optimieren. Ein kleines Wettschießen und eine Gesprächsrunde, in der wir Fragen stellen konnten, rundeten den sportlichen Nachmittag ab. Walters humorvolle Art bereicherte das neu erworbene Wissen auf unterhaltsame Weise.

Meine Erwartungen an das Bogenschießen haben sich komplett erfüllt. Ich mag die langsam und konzentriert aufgebaute Bewegung, die meine ganze Aufmerksamkeit erfordert. Die kurze Spannung und die nachfolgende Entspannung beim Schießen ist eine Erfahrung, die sich zudem auch im Geist durchführen lässt und z. B. in stressigen Situationen hilft, ungewollte Anspannung oder Schmerzen loszulassen. Kurz: Ich bin begeistert und werde diesen Sport sicher weiter ausüben!

Das Matterhorn: Natur erleben zu Höchstpreisen

Dass das Leben in der Schweiz im Allgemeinen nicht gerade preiswert ist, vor allem für Urlauber aus anderen europäischen Ländern, ist den meisten Reisenden bekannt. Wie gut, dass man wenigstens die herrliche Natur der Bergwelt gratis genießen darf! Allerdings nicht überall: Wer das Matterhorn aus der Nähe bestaunen möchte, muss tatsächlich Eintritt bezahlen. Zumindest die Durchschnittstouristen, älteren und / oder behinderten Menschen sowie Kinder, die nicht in der Lage sind, die Berge mit einem Mountainbike zu bezwingen. Zermatt ist nämlich autofrei – soweit die gute Nachricht. Die schlechte: Man muss für eine nicht unerhebliche Summe sein Auto in einem immerhin videoüberwachten Parkhaus fünf Kilometer vor Zermatt im Ort Täsch abstellen, um mit dem Zug für 15,60 sFr (Erwachsene, hin- und zurück, derzeit fast das Gleiche in Euro) in den Weltkurort einreisen zu dürfen.

Dort angekommen, muss man feststellen, dass Zermatt nicht wirklich autofrei ist: Während der verwirrte Gast damit beschäftigt ist, sich durch die Menschmassen zu schieben, um freie Sicht auf die attraktiven Holzhäuser zu erlangen, sind ihm diverse Elektroautos dicht auf den Fersen. Da sind die Pferdekutschen schon praktischer, weil sie nicht zu überhören sind, allerdings nehmen sie auch mehr Platz in den kleinen Straßen weg. Das bedeutet: Bei immer lauter werdendem Hufgetrappel schnell an die Seite springen und bei der Gelegenheit einen Blick in die Schaufenster werfen! Dort ist im Wesentlichen praktische Sportbekleidung zu sehen, die man Zuhause für höchstens die Hälfte des Preises erwerben kann, Schmuck in allen Preislagen und natürlich Souvenirs für Touristen mit schlechtem Geschmack sowie Souvenirs für Touristen mit gutem Geschmack – beides in jedem Fall zu teuer.

Doch wo ist nun das Matterhorn? Die einzige kostenlose Möglichkeit, den schneebedeckten Gipfel mit der charakteristischen Form zu bewundern, erfordert eine Durchquerung des Ortes auf Schusters Rappen und erspart einem ein hübsches Sümmchen Schweizer Rappen für ein entsprechendes Gefährt. Hat man den Ortskern schließlich verlassen, erschließen sich auf diversen Wanderwegen ganz ordentliche Aussichten auf den berühmten Berg inklusive dekorativem Vordergrund.

Wer das Ganze lieber von oben betrachten will, kann mit der Gornergratbahn auf den gleichnamigen Gletscher fahren. Dort breitet sich ein spektakuläres Panorama vor dem Besucher aus, bei dem sich nicht nur das Matterhorn in seiner ganzen Größe präsentiert, sondern auch die Bergwelt ringsherum in einer atemberaubenden Atmosphäre auf immerhin mehr als 3100 Metern über dem Meeresspiegel und zwar für den stolzen Preis von 70 Euro pro Erwachsenem für die Hin- und Rückfahrt (je 10 Kilometer...). Da man außer Gucken auf dem Gornergrat nichts unternehmen kann, lässt einen eine solche Summe doch nachdenklich werden.

Natürlich gibt es ein Hotel, bei dem man auch herrlich speisen kann, aber ob einem die Spaghetti Carbonara noch schmecken, wenn man dafür 22 sFr hinlegen soll? Sportliche Menschen können sich die Rückfahrt selbstverständlich schenken und den Abstieg zu Fuß wagen, der etwa vier Stunden dauert. Wer dies plant, muss dennoch Geld investieren, nämlich in gute Bergschuhe, in denen man bergab nicht nach vorne rutscht und dabei seine Zehen quetscht. Reiseempfehlung: Matterhorn von unten anschauen und belegte Brote sowie Getränke mitnehmen!

Kultur und Bildung

Ausstellung "Heimaten" mit Kunstwerken von Ernst Fettweis ist eröffnet!

Im Jülicher St. Elisabeth-Krankenhaus eröffnete heute der kaufmännische Direktor Dirk Offermann die Ausstellung mit Bildern meines Mannes Ernst Fettweis. Vom 1. September bis 31. Dezember 2014 sind in dem langen Verbindungsgang zwischen der Zentralen Patientenaufnahme und den Stationen 40 bearbeitete Fotografien zu sehen, die Ernst sowohl im Garten, in der Jülicher Umgebung als auch in Köln eingefangen hat.

Zudem wurden einige Motive dieses Jahr auf der Insel Spiekeroog aufgenommen. Dass der Künstler auch diesen Ort als Heimat bezeichnet, liegt daran, dass er sich dort wie zu Hause fühlt. Als gebürtiger Kölner hat Ernst viele solcher Lieblingsplätze, die in einigen Online-Galerien und auf seiner Homepage betrachtet werden können. Dort erscheinen die Bilder auch in der realen Qualität.

Der pensionierte Deutsch- und Geografielehrer fotografiert bereits seit seiner Jugend. Seitdem es die digitale Fotografie gibt, experimentiert er mit den unendlichen

Möglichkeiten der entsprechenden Software, um aus seinen Bildern aufwändige und raffinierte Kunstwerke zu gestalten. So verarbeitet er seine Fotografien zu Gemälden mit antikem Finish, zu abstrakten Exponaten mit einem Touch Realismus oder zu schwarzweißen Detailaufnahmen mit ungewöhnlicher Perspektive.

Adresse der Ausstellung

St. Elisabeth Krankenhaus
Kurfürstenstr. 22
52428 Jülich

Homepage www.ernst-fettweis.de

Kontakt zum Künstler: foto@ernst-fettweis.com

Kunsthandwerkerinnenmarkt in Jülich

Gestern fand in Jülich wieder der beliebte Kunsthandwerkerinnenmarkt statt, den es inzwischen seit 20 Jahren gibt. Mitte Juni bei Wind und Wetter – gestern bei herrlichem Sonnenschein – bevölkern etwa 240 Stände den Schlossplatz und bieten originelle, handwerklich hochwertige Produkte an. Von Keramik über Metall, Korb, Papier, Stein, Stoff, Filz und vieles mehr werden sämtliche Naturmaterialien von den kreativen Frauen bearbeitet. Da fällt die Auswahl schwer, denn man beziehungsweise frau möchte am liebsten alles kaufen. Naja, fast alles.

Eine meiner Lieblingskünstlerinnen ist Maria Djili, die ihr Atelier Mári im benachbarten Aachen führt. Dort gestaltet sie ihre textile Kunst aus Naturstoffen wie Leinen, Seide, Baumwolle und Wolle. Wer selbst Ideen hat, kann unter Marias kundiger Anleitung in einem ihrer Kurse eigene Kleidungsstücke herstellen. Sowohl Nähen als auch Nunofilzen stehen auf ihrem Programm. Da ich nicht zum Nähen komme, habe ich mir diesen superleichten und kleidsamen Sommerhut gekauft. Er ist aus weichem, luftigem Sommerleinen und Seide hergestellt:

Die Fotos sind nur mit dem Handy gemacht, daher die schlechte Qualität. Man sollte doch immer seinen Fotoapparat dabei haben ;-)

Nach dem Kauf und einem netten Gespräch mit Maria zogen mein Mann und ich weiter durch das fröhliche Gedränge des Marktes, auf dem auch kulinarische Köstlichkeiten und Kräuter zu finden sind. Der einzige Nachteil am Kunsthandwerkerinnenmarkt ist: Egal wie weit die Gänge sind, bei diesem Event ist es immer voll. Umso erleichterter war ich, als ich die Klänge einer Musikgruppe wahrnahm und sofort dorthin strebte. Gesang, Gitarre und Querflöte verbreiteten entspannte Sommermusik, die einen umgehend zur Ruhe kommen ließen. Dummerweise habe ich mir den Namen der Gruppe nicht gemerkt, so gebannt lauschte ich ihren Melodien. Falls jemand weiß, wie sie heißen, bitte melden. Hier ein kleiner Ausschnitt vom gestrigen Markt: (Video auf YouTube).

Neue Produktion von Perpetuum Jazzile

Meine Lieblingsmusikgruppe Perpetuum Jazzile aus Slowenien hat eine neue Single und ein super Video produziert, das Ihr Euch unbedingt anschauen müsst. Die XXL-A Capella-Gruppe überzeugt immer wieder durch ihren hervorragenden Gesang, ihre Kompositionen und ihre Leidenschaft, mit der sie ihre Musik leben. Einen ausführlichen Beitrag findet Ihr auf Suite101. Viel Spaß beim Lesen und beim Videogucken!

Fernstudium: erste Etappe

Ein bisschen skeptisch war ich ja schon, ob ich es schaffe, neben meinem neuen Job als Autoren- und Content-Managerin bei curendo.de auch noch ein Fernstudium zu machen. Für Beides hatte ich mich innerhalb eines Tages entschieden und wollte keins von beiden aufgeben. Also gibt es statt Belletristik zur Entspannung Fachliteratur rund um das Thema "Online-Redaktion". Einige Erfahrungen durfte ich ja schon sammeln, aber es gibt doch allerhand technische Details, die man zu wissen meint, aber de facto doch nicht benennen kann. Oder kann jemand von Euch auf Anhieb und ohne nachzuschauen sagen, was DSL eigentlich genau heißt? Oder URL? Oder FTP? Oder TCP?

Wie auch immer: Auf meine erste Einsendeaufgabe habe ich eine 1 minus bekommen und bin ganz happy. So kann es weitergehen. Aber heute müssen erst mal neue Artikel für curendo erstellt werden.

Ich wünsche allen einen entspannten Wochenanfang!

Literaturaufführung "Leonce und Lena" im Gymnasium Zitadelle in Jülich

Wie man es schaffen kann, zwischen einem stressigen Schulalltag und Klausuren mal eben ein anspruchsvolles Theaterstück einzuüben, bewies der Literaturkurs von Ernst Fettweis des Gymnasiums Zitadelle in Jülich am 9. und 10. Mai 2012. Die Schüler hatten sich die Komödie "Leonce und Lena" von Georg Büchner vorgenommen. In relativ kurzer Zeit musste das Stück so umgesetzt werden, dass der Inhalt für den Zuschauer nicht nur nachvollziehbar, sondern auch unterhaltsam war.

Büchners Abscheu gegen die Gleichgültigkeit und Überheblichkeit der Fürsten gegenüber ihren Untertanen in der Zeit nach dem Wiener Kongress drückt sich in einer Persiflage aus, in der zwei Königskinder unter Umwegen zusammenkommen. Wie romantische Marionetten erscheinen die Figuren des Stücks, die aus Langeweile und Borniertheit eine geradezu naive Todessehnsucht pflegen. Die politische Satire lebt vom brillanten Sprachwitz Büchners, der von den Protagonisten hervorragend und lebhaft umgesetzt wurde.

Am Premierenabend waren es vor allem Julia Paschke in der Rolle des Leonce und Alina Stass als Valerio, die ihre Figuren mit großem Enthusiasmus lebten. Hinreißende Darstellungen lieferten auch Julia Röhlich als Rosetta, Ursula Perse als König Peter und der Kursleiter Ernst Fettweis selbst als Hof- und

Ceremonienmeister, der mit seinen dramatischen Gesten und vielsagender Mimik die sprachlichen Delikatessen in höchst amüsanter Weise zum Ausdruck brachte. Auch allen anderen Darstellern gelang es, ihre Rollen überzeugend zu spielen. Gelegentliche Pannen, die durch mangelnde Probenzeiten unvermeidbar waren, meisterten die jungen Schauspieler mit Humor sowie Improvisationstalent und ernteten damit zusätzlichen Applaus.

Der zweite Aufführungsabend verlief ähnlich erfolgreich. Die Rolle des Leonce wurde von David Gossel ausgefüllt, der im Spiel über sich hinauswuchs. Ernst Fettweis, der am Ende des Schuljahres in Pension geht, lobte die Leistungen seiner Schüler und verabschiedete das Publikum in einer bewegenden Rede. Der Literaturkurs konnte mit seiner Aufführung beweisen, dass Theater durchaus geistreich und zugleich kurzweilig sein kann.

Kunst-Event Koku 2012 im April

Eine schöne Erfahrung war es, das große Kunstevent Koku 2012 am 21. und 22. April in Rheinhessen! Mein Mann und ich zeigten unsere Bilder im mediterran anmutenden Best-Western-Hotel Alzey, wo wir vom Hoteldirektor Michael Werner

und seiner Crew bestens versorgt wurden. Die Auszubildenden hatten sich extra für uns leckere Cocktails und Mittagsmahlzeiten ausgedacht und waren auch sonst immer um uns bemüht. Auch beim Bilder-Aufhängen und Platzieren waren Herr Werner und der Hausmeister behilflich, sodass die Präsentation mühelos vonstattenging.

Im Hotel hatten sich viele unserer Kollegen eingefunden, von denen wir die meisten bisher nur durch gemeinsame Online-Galerien und via Facebook & Co kannten. So waren wir erfreut, dass sich die realen Begegnungen so locker und unbeschwert gestalteten, als wenn wir uns schon immer gekannt hätten. Wir tauschten Tipps und Ideen aus, die sehr hilfreich für die Gestaltung und Vermarktung sind. Natürlich begutachteten wir auch gegenseitig unsere Werke, bevor und während die Besucher kamen, die sich dann ebenfalls mit in die lebhaften Gespräche einbrachten.

Es kamen nicht so viele Besucher, wie wir uns gewünscht hätten, dazu war das Angebot einfach zu groß. Eine wichtige Erfahrung, die uns bei der Planung des nächsten Events helfen wird. Ich bot in dieser Ausstellung ausschließlich Aquarelle an, die gern als Postkarten und Poster gekauft wurden. Einige Besucher hätten gern ein Original gehabt, aber ausgerechnet diese Motive waren nicht mehr in meinem Besitz. Das hat mich dazu animiert, die Originale meiner schönsten Aquarelle in meinem eigenen Shop anzubieten. Das Angebot wird ständig erweitert - bei Interesse also immer mal wieder hineinschauen!

Vera F. Birkenbihl ist tot – aber ihre Ideen leben weiter

Eine kleine Frau war sie, aber wenn sie sprach oder schrieb, war Vera F. Birkenbihl ganz groß. Am 12. Dezember kamen in einem Webinar der Online University 24 Mitarbeiter, Freunde und Fans zusammen, um über sie zu sprechen und ihrer zu gedenken, denn leider starb Vera am 3. des Monats an einer schweren Krankheit. Wer sie kannte, ihre Bücher gelesen und/oder ihre Seminare besucht hat, trauert um diese geniale Trainerin und Autorin, die mit ihren Techniken, gehirn-gerecht denken und lernen zu können, viele begeistert hat. Sie hat dafür gesorgt, dass wir verstehen, was geistige Gesundheit bedeutet.

Massenkompatibel war Vera F. Birkenbihl nicht, auch der private Umgang mit ihr gestaltete sich nicht immer einfach, denn sie lebte mit einem Aspergersyndrom - einer besonderen Form des Autismus. In ihren Vorträgen merkte man davon jedoch nichts, wenn sie den Zuhörern ihre Themen nicht nur gehirn-gerecht servierte, sondern auch mit viel Humor würzte. Wie der Schnabel ihr gewachsen war, so sprach sie auch das aus, was viele Leute sich nicht trauten. Eine kleine Kostprobe kann man in dem folgenden Video genießen (http://bit.ly/1ImQ7nD).

Märchenstunde: Warum Dornröschen so lange schlief

Was hatten sich der König und seine Frau verrückt gemacht, um endlich ein Kind zu bekommen! Richtig fertig mit den Nerven waren sie, als es schließlich doch noch klappte und ein Prinzesschen auf die Welt kam. Wenn sie allerdings gewusst hätten, was aus dem zarten unschuldigen Wesen mal werden sollte ...

Wie das mit Einzelkindern häufig so ist, wurde die Prinzessin ziemlich verwöhnt. Kein Wunder, dass das Mädchen eine faule, freche Göre wurde! Statt im königlichen Haushalt ein bisschen mit anzupacken, lungerte sie im Schloss herum und machte allerhand Blödsinn. Angeblich sollte sie sich ja dann irgendwann an einer Spindel gestochen haben und in einen hundertjährigen Schlaf gefallen sein – kann aber nicht sein! War auch nicht so! Wer so eine Spindel schon mal gesehen hat, weiß, dass man sich an dem Teil überhaupt nicht stechen kann! Abgesehen davon dachte Dornröschen gar nicht daran, beim Spinnen zu helfen und verschwand lieber im Schlosspark. Sie tat so, als würde sie sich um die Blumen kümmern und wenn keiner in Sicht war, knallte sie sich in die Sonne und pennte eine Runde.

Eines Tages hüpfte ein Frosch durchs Gras und fand Dornröschen, als sie mal wieder im Garten schlief. Er bemerkte, dass sie kurz davor war, einen heftigen Sonnenbrand zu bekommen, und wollte sie aufwecken. Deshalb hockte er sich direkt neben ihr Ohr und quakte, so laut er konnte. Widerwillig öffnete Dornröschen die Augen, sah den Frosch an und fauchte:

„Hau ab, Du bist im falschen Märchen!“

Dann drehte sie sich wieder um und schloss die Augen. Der Frosch, der natürlich ein verzauberter Prinz war, wollte jedoch nicht aufgeben. Er schlich sich leise an Dornröschen heran und schmatzte ihr einen schleimigen Kuss auf den Mund.

„Iiiihhh, bist Du verrückt, das ist ja ekelhaft!“, brüllte Dornröschen und wischte sich den Mund heftig ab. Aber es war schon zu spät. Sie bekam einen allergischen Schock von dem Froschschleim und fiel in Ohnmacht. Der Frosch dagegen hatte sich in einen schönen Prinzen verwandelt, der nun ziemlich in Panik geriet, als er sah, was er angerichtet hatte. Er stürzte sich auf Dornröschen und begann mit einer Mund-zu-Mund-Beatmung. Nach einer Weile kam Dornröschen tatsächlich wieder zu sich, sah den Prinzen und fing eine heftige Knutscherei mit ihm an, die dann irgendwann in wilden *Biep* überging. Als sie endlich mit dem *Biep* fertig waren, fielen sie erschöpft ins Gras und schliefen ein. Und wenn sie noch nicht aufgewacht sind, schlafen sie noch heute. Und um die Dornenhecke kümmert sich natürlich auch kein *Biep*.

*Anmerkung: Bäh-Wörter wurden mit Rücksicht auf Kinder und Google durch *Biep* ersetzt.

Neu: Tag des Schreibens am 29. Juni 2011

Suite101.de, das erfolgreiche Netzwerk der Autoren, hat den **"Tag des Schreibens"** ausgerufen! Er findet zum ersten Mal am 29. Juni statt und soll das geschriebene Wort feiern. Wer Freude am Schreiben hat, kann sich hier über diesen besonderen

Tag informieren und mitmachen! Weitersagen ist erwünscht.

Apropos Kunst...

Erfrischend und anregend finde ich die Begegnungen mit anderen Künstlern, egal welche Stilrichtung sie verfolgen. Einer davon hat besonders viele und immer wieder neue Ideen, wie man die unterschiedlichsten Materialien mit Farbe zu einem ungewöhnlichen Kunstwerk verbinden kann: KARL PETER MERZ. Wer Lust hat, kann sich die bunte Palette des Wahl-Kölners selbst mal anschauen. Neuerdings gibt es einige seiner Werke auch als Kalender. Viel Spaß beim Stöbern!

Kommt "Kunst" wirklich von "Können"?

Ich bin ja immer wieder fasziniert, wie unterschiedlich das "Klima" in den verschiedenen Kunstgalerien ist, in denen ich Mitglied bin! In einer deutschen Galerie wird zum Beispiel mit einer geradezu krampfhaften Ernsthaftigkeit über Kunst gestritten und über die Werke der Mitglieder hergezogen oder zumindest gemäkelt. Was Kunst ist, weiß dort so mancher besser und macht alles nieder, was nach anderen Regeln gestaltet wird, als nach seinen eigenen. Wie wohltuend und erfrischend ist da eine internationale Galerie, in der jeder seine Kunstwerke einstellen darf, ohne dass sie von den anderen in der Luft zerrissen werden. Geradezu liebevoll werden die Fortschritte der Neulinge kommentiert und die Meisterwerke der Fortgeschrittenen bejubelt. Hier darf jeder seine Kunst Kunst nennen, denn sie ist es ja! Jeder hat seine eigene Art, mit diesem Medium umzugehen und diese Freude sollte doch jedem gegönnt werden, denn Kunst zu machen, ist ein wertvolles Stück Lebensqualität! Ob wir Deutschen dies auch noch irgendwann begreifen? Ich jedenfalls halte mich lieber in internationalen Gewässern auf, in denen die Kunst freier zu sein scheint!

Auszeichnung von experto

Gestern habe ich einen Adventsgruß von experto erhalten, der mich besonders freute. Neben zwei naturheilkundlichen Produkten bekam ich einen persönlichen Brief vom Portalmanager Nam Kha Pham, der sich nicht nur für die gute Zusammenarbeit bedankte, sondern mir auch eine Urkunde für exzellente Expertentätigkeit verlieh. Diese Geste finde ich sehr schön und ermutigend, drückt sie doch aus, dass meine Arbeit und mein Engagement anerkannt werden. Ich bedanke mich hiermit auch an dieser Stelle herzlich für diese Auszeichnung beim Verlag für die Deutsche Wirtschaft in Bonn!

Rezepte

Schnelle Tomatensuppe für eine Person

Ein herzhafter und kalorienarmer Snack gefällig? Statt zur Chipstüte zu greifen, lässt sich der Appetit auf etwas Salziges auch anders stillen: mit einer Tomatensuppe in der Tasse oder im Becher – je nach Größe des Hungers. Sie lässt sich innerhalb weniger Minuten herstellen. So geht's:

Wasser kochen und in eine Tasse oder einen Becher geben, jedoch nicht ganz voll gießen. Dann gekörnte Gemüsebrühe oder Brühwürfel nach Geschmack auflösen und so viel Tomatenmark hinzugeben, dass es richtig tomatig schmeckt. Ein Schuss Kondensmilch mildert die Säure leicht ab und macht die Suppe cremig. Dieses Basisrezept lässt sich noch mit Kräutern oder Gewürzen ergänzen. Lasst es Euch schmecken!

Matcha Tee – mehr als ein gesundes Getränk

Interessiert Ihr Euch für grünen Tee? Dass er aufgrund seiner antioxidativen Inhaltsstoffe sehr gesund ist, dürfte allseits bekannt sein. Nachdem ich verschiedene Sorten probiert hatte und mit keinem der Tees wirklich zufrieden war, testete ich den Bio Matcha Uji Hikari. 1000 km südlich von Tokio werden die Pflanzen mit großer Sorgfalt von Herrn Okuda gepflegt und drei Wochen lang beschattet, damit die Blätter ihr einmaliges Aroma bekommen. Selbstverständlich werden die Teepflanzen nicht chemisch behandelt. Schließlich werden sie mit einer Steinmühle langsam zermahlen und es entsteht ein kräftig grünes, hauchfeines Pulver.

Das Pulver wird mit abgekochtem, auf etwa 80 Grad Celsius abgekühltem Wasser aufgeschlagen, bis es sich gelöst oder vielmehr verteilt hat. Am besten geht das mit einem traditionellen Bambusbesen, aber auch mit einem Miniquirl. Er sollte nicht länger als 3 Minuten ziehen. Der Geschmack ist wesentlich würziger als beim üblichen grünen Tee, aber nicht bitter. Er schmeckt samtig und hinterlässt ein wohliges Gefühl im Mund und im Bauch. Obwohl ich kräftig schmeckende Getränke bevorzuge,

mag ich den zarten, dennoch vollen Geschmack des Tees. Versucht es auch mal und gönnt Euch eine Gesundheitsbombe der feinen Art! Schon die Zubereitung hat einen meditativen Charakter und entspannt.

Tagestipp: Erfrischender Drink ohne Alkohol

Für das Wochenende präsentiere ich Euch meinen Wellness-Joghurtdrink. Langweilig - so ohne Alkohol? Keineswegs! Ich bekam eine ähnliche Mischung einmal als Aperitif serviert und war überrascht, wie lecker ein gesunder Cocktail schmecken kann. Hier stelle ich Euch zwei Varianten vor:

Mischt Naturjoghurt und Mineralwasser zu gleichen Teilen, gebt etwas Salz und einen Teelöffel tiefgekühlte Kräuter nach Geschmack dazu. Im Mixer alles aufschäumen und fertig ist der erfrischende Drink. Wer gern eine Gemüse-Komponente im Getränk haben möchte, gibt einige entkernte Stücke Gurke dazu und püriert sie im Mixer mit der Joghurt-Mischung. Viel Spaß beim Probieren und ein schönes Wohlfühl-Wochenende!

Tomaten mit Aroma

Wer gerne frische Tomaten isst, sich aber meistens über die wässrigen Exemplare ärgert, die es so zu kaufen gibt, vor allem, wenn nicht gerade Saison ist, kann dem Aroma der schönen Roten auf die Sprünge helfen: Tomaten nach dem Waschen halbieren und mit der Schnittfläche nach oben in eine leicht geölte Form setzen. Bei ca. 100°C mindestens zwei Stunden lang trocknen. Wer es eilig hat, der kann den Ofen höher stellen und so die Tomaten ebenfalls dehydrieren. Dadurch verstärkt sich der Geschmack deutlich! Mit etwas Salz, Kräutern und süßem Balsamico-Essig eine köstliche Vorspeise, Salat oder ein gesunder Snack!

Deko und Basteln

Basteln: Der besondere Adventskalender

Einen Adventskalender der besonderen Art habe ich dieses Jahr für meinen Mann entworfen und gestaltet. Da er unter anderem Geografie studiert hat und ein reiselustiger Mensch ist, habe ich 24 Weihnachtsmärkte aus aller Welt herausgesucht und in Rätseln verschlüsselt. Jedes Rätsel steckt in einem kleinen Umschlag, den ich aus einer ausgedruckten Landkarte gefaltet und mit einer Nummer aus Filz (fertig ausgestanzt im Bastelbedarf erhältlich) versehen habe.

Alle Rätselbriefchen habe ich in eine große „Welt"- Kugel aus Acryl gegeben, die ich zuvor mit halbtransparenten Weihnachtsstickern beklebt habe. Um die Kugel noch etwas aufzufüllen, habe ich einige Dekoteile hinzugefügt, zum Beispiel einen Baumanhänger in Form eines Lebkuchenmanns, Holzsterne, kleine künstliche Äpfelchen und eine Sternengirlande. Unten wird die Kugel mit einem Klebeband geschlossen, damit man sie oben nur aufklappen muss und nicht alles herausfällt. An der Aufhänge-Öse habe ich sie mit einem Band zugebunden, das sich leicht öffnen lässt, und es mit Schleifen verziert.

Die Idee ist ideal für Leute, die keine Süßigkeiten mögen oder essen dürfen. Das Heraussuchen der Weihnachtsmärkte und deren Beschreibung ist zwar etwas aufwändig, macht aber Spaß, da man zugleich etwas lernt und in Gedanken selbst um die Welt reist. Die Briefchen lassen sich auch anders füllen, zum Beispiel mit selbst verfassten Gedichten, kurzen Geschichten, Liebesbriefen oder anderen Ratespielen.

Je nach Größe der Kugel kann man auch Süßigkeiten, Schmuck, Kosmetikproben oder Gutscheine hineingeben. Außerdem kann sie jedes Jahr wieder verwendet werden. Die Gestaltung ist einfach: Statt mit Stickern könnte man sie ebenfalls mit der Serviettentechnik bekleben, sodass der Inhalt nicht zu sehen ist.

Viel Spaß beim Nachbasteln!

Basteltipp: Ein Kranz – viele Deko-Möglichkeiten

So gern ich dekoriere, aber es muss schnell gehen, da ich leider zu wenig Zeit für aufwändige Basteleien habe. Ich finde es zum Beispiel sehr schön, an der Eingangstür einen schönen Kranz zu haben, der der Jahreszeit entsprechend dekoriert ist. Dafür habe ich mir einen neutralen Kranz aus Zweigen besorgt - wer Lust hat, kann ihn auch selbst machen - und bestückt ihn mit einigen Accessoires. Wer kein Talent hat oder keine Zeit, kann sich mit den netten kleinen Deko-Artikeln aus der Drogerie behelfen. Beim dm-Markt und Müller findet man sowohl Kunstblumen als auch kleine Tiere wie in diesem Fall Vögel und Schmetterlinge. Ansonsten gibt es unzählige Kleinteile in Geschäften für Bastelbedarf. Wer keinen Laden in der Nähe hat, kann die Sachen bei www.vbs-hobby.com oder beim www.creativ-dicount.de bestellen. Die Dekoartikel werden nur an den Kranz gehängt oder eingesteckt. Links ist meine Frühlingsvariante.

Romantische Tischleuchten gegen den Novemberblues

Neben einer zauberhaften Dekoration mit Sternen kann man sich auch die Mahlzeiten – allein oder in netter Gesellschaft – gemütlicher gestalten und damit die letzten grauen Novembertage freundlicher aussehen lassen. In meinem Beitrag bei Suite101.de über Windlichter für den Tisch gibt es einige Anregungen, wie man schnell und äußerst effektvoll dekorative große oder kleine Leuchten herstellen kann. Meist wird sogar nur wenig Material benötigt, viele Accessoires haben Bastelliebhaber ohnehin im Haus. Viel Spaß beim Gestalten und beim Genießen!

Zeit für neue Sterne

Wer sich besondere Dekorationen für die Advents- und Weihnachtszeit wünscht, sollte die immer kürzer werdenden Tage und vor allem die langen Abende nutzen, um aus der Dunkelheit ein funkelndes Sternenzelt zu zaubern. Mit ein wenig Geduld und professionellen Anleitungen lassen sich wunderbare Himmelskörper falten. Was es alles Neues gibt, könnt Ihr in meinem Artikel bei Suite101 nachlesen. Wenn man rechtzeitig anfängt, kann man die Pracht den ganzen Dezember lang genießen und natürlich auch noch länger ;-)

Viel Freude beim Basteln wünscht Euch,

Andrea

Garten

1. April: Kalt, aber sonnig

Das wunderbare Licht der Frühlingssonne hat mich heute für ein Weilchen nach draußen gelockt. Es ist immer wieder erstaunlich, wie schnell alles wächst und anfängt, zu blühen! Ein Glück, dass ich mich entschieden hatte, meine Kamera mitzunehmen, mit der ich dann einige schöne Szenen einfangen konnte. Eine unserer Hauptattraktionen im Garten ist der Teich mit Wasserfall und Sprudelstein. Hier schaukeln schon die gelben Blüten der Sumpfdotterblume im noch recht kühlen Wind:

Der Garten im Januar

Kalt, nass und matschig - so stellt man sich die Natur im Januar vor, wenn kein Schnee liegt. Dieses Jahr haben wir Glück und es gibt viele sonnige Tage, an denen wir den Frühling schon fast erahnen können. Ich mag mich trotzdem nicht im Garten beschäftigen, dazu ist es mir nicht warm genug. Dennoch geht mir das Herz auf, wenn ich meinen Blick über unser grünes Naturzimmer schweifen lasse: Die tief stehende Sonne formt helle leuchtende Inseln auf den Beeten, in den Ästen und im Gras und lässt lange Schatten auf dem erfreulich frischen Grün des Rasens entstehen. Die metallischen Teile vom Rosenbogen, den Lampen und vom Gewächshaus spiegeln das Licht und blitzen grell weiß. Die Vögel zwitschern, krächzen und pfeifen. Nur das entfernte Hupen der Autos erinnert mich daran, dass wir in der Stadt wohnen. Ansonsten dürfen wir diese kleine Oase mit all seinen Bildern und Klängen genießen, als wären wir auf dem Lande. Das sind die erfrischenden Momente des Alltags, für die ich mir gern ein paar Minuten Zeit nehme. Entspannen, Energie tanken und zu sich kommen. Mehr braucht es nicht.

(Video bei Youtube unter http://bit.ly/1C9wkAU)

Der Januar von seiner schönsten Seite

Genau Mitte Januar haben wir heute und um 17.30 Uhr habe ich den Abendhimmel über Jülich festgehalten. Sind das nicht herrliche Kontraste?

Kosmetik

Edles Nageldesign für jeden Tag

Ich bewundere ja immer wieder all die tollen Nailart-Ideen, die etliche YouTuberinnen vorstellen. Für mich ist das Kunst am Körper, daher teste ich selbst gern neue Kombinationen aus. Aber - Ihr ahnt es schon - eigentlich habe ich keine Zeit, also muss es schnell gehen. Manchmal lackiere ich die Nägel auch zwischendrin beim Schreiben und tippe dann nagelschonend auf meinem Laptop - nein, es ist noch kein einziger Lackspritzer auf den Tasten gelandet.

Hier nun mein neues Experiment mit preiswerten Nagellacken von essence und Manhattan: Nach einer Schicht Unterlack, die den Nagel schützt, habe ich einen warmen Silberton von Manhattan Nr. 02 mit Lotuseffekt aufgetragen. Gut trocknen lassen und eventuell nochmals dünn überlackieren. Anschließend nach Geschmack eine oder mehrere Schichten essence nail art special effect topper Nr. 16 "cool breeze" auftragen, bis genügend Glitzerpartikel zu sehen sind.

Was mir an diesem Design gefällt, ist, dass es kompliziert aussieht, aber einfach zu machen ist und auch zu kurzen Nägeln passt. Außerdem sind die Farben trotz Glitzer nicht so aufdringlich, als dass man sie nicht am Tag tragen könnte. Im Gegenteil: Die Mischung sieht edel und zugleich dezent aus und passt zu allen Klamotten. Viel Spaß beim Ausprobieren! Leider lässt sich der Lack nicht so gut fotografieren, weil er stark reflektiert.

Nail-Art-Tests

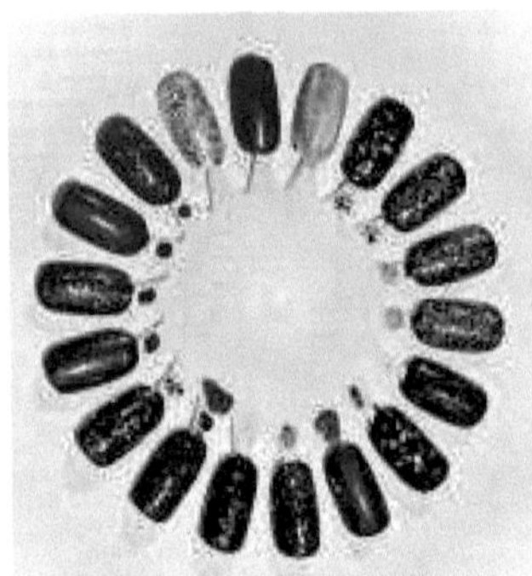

Neulich habe ich mir kleine Rondelle mit Kunstnägeln zugelegt, damit ich meine Design-Ideen erst mal ausprobieren kann. Da ich Nail-Art ganz toll finde, aber eigentlich keine Zeit habe, mir stundenlang die Nägel zu bemalen, greife ich immer wieder zu Kombinationen mit einfarbigen Unterlacken und Glitzer-Topcoats. Spektakulär sind die Effekte auf schwarzem Lack, wie Ihr auf meinen Probenägeln seht. Auch auf Dunkelblau und dunklem Violett kommen die Glitzerpartikeln toll zur Geltung. Weniger überzeugend sind sie auf Rot oder Weiß - vielleicht müsste man hier auch noch mehr kombinieren. Wer es eilig hat, kann aber mit zwei Lacken geniale Nagelkunst herstellen. Viele Glitzerlacke sind von essence, ein goldener ist von Misslyn - also ein preiswertes Vergnügen!

Nageldesign für festliche Anlässe

Da ich Spielereien mit Farben liebe, teste ich gern immer wieder verschiedene Nageldesigns. Eine schnelle Variante, die auch auf kurzen Nägeln gut aussieht, lässt sich mit mehreren Lacken herstellen. Ich habe für das folgende Design, das toll für festliche Anlässe geeignet ist, nur ganz preiswerte Marken verwendet und zwar diese:

1. Basislack zum Schutz der Naturnägel
2. Goldlack von Catrice Nr. 650 Goldfinger
3. Schimmerndes Türkis von uma in der Farbe Dark Forest
4. Glitzerlack von essence special effect topper No. 02 circus confetti
5. Klarlack von Miss Sporty Lasting Colour

Zuerst den Basislack zum Schutz der Naturnägel auftragen. Wer neutrale Gelnägel hat, kann auch gleich den Goldlack auftragen. Eventuell zweimal lackieren, damit er gut deckt. Anschließend mit der Spitze eines Make-up-Schwämmchens (zurechtschneiden) etwas Türkis auf die Nagelspitze tupfen. Nach dem Trocknen wiederholen, aber dabei nur den oberen Rand etwas dunkler gestalten. Danach gibt man den Lack mit den bunten Glitzerpartikeln auf den ganzen Nagel. Wiederholen, damit möglichst viele Glitzerpartikel auf dem Nagel hängen bleiben. Zum Schluss alles mit einem beliebigen Klarlack versiegeln. Viel Spaß!

Neue App zur Überprüfung von Kosmetika

Der Bund für Umwelt und Naturschutz in Deutschland (BUND) hat eine Anwendung erstellt, mit der man seine Kosmetika auf hormonell wirksame Chemikalien testen kann. Dazu wird per Smartphone oder iPhone der Strichcode des Produkts eingescannt und schon erhält man Auskunft, ob schädliche Stoffe enthalten sind oder nicht. Viele Konservierungsstoffe, zum Beispiel Parabene, haben einen Einfluss auf unseren Hormonhaushalt. Wer viele solcher Produkte regelmäßig anwendet, muss mit Veränderungen im Hormonhaushalt rechnen. Dies gilt besonders für Kinder und Jugendliche.

Mithilfe des Kosmetikchecks ToxFox lassen sich die bedenklichen Stoffe in vielen Kosmetika entdecken. Momentan sind noch nicht alle Produkte erfasst, so kommt es vor, dass die App ein Kosmetikum nicht erkennt. Wenn sich einer der schädlichen Stoffe im geprüften Produkt befindet, hat man die Möglichkeit, dies sofort beim Hersteller anzumahnen. Die App enthält bereits einen vorgefertigten Brief in Deutsch und Englisch, in den man nur seinen Namen einsetzen muss. Praktische Sache, finde ich!

Der Kosmetikcheck lässt sich natürlich auch am PC online durchführen. Dazu gibt man die Zahlen des Strichcodes in das entsprechende Feld ein. Dort wird auch noch einmal genauer erklärt, um welche Substanzen es sich handelt und warum man sie meiden sollte.

Soziales / Leben

Liebster Award

Obwohl ich meinen Blog nicht so häufig füttere, wie ich mir immer vornehme, möchte ich ihn nicht mehr missen. Viele Ideen, Tipps und Gedanken stecken darin, die ich gern mit anderen teilen möchte. Daher bin ich hoch erfreut, dass ich von einem meiner Lieblingsblogs für den "Liebster Award" nominiert wurde. Hier kommen die Antworten zu den Fragen, die ich von Lieblingsgören bekommen habe:

1. Wo lebst Du und wie?

Ich lebe zusammen mit meinem Mann und meiner Tochter in Jülich, einer Kleinstadt in der Nähe von Aachen und somit nahe bei unseren niederländischen und belgischen Nachbarn.

2. Wie kamst Du auf die Idee für Deinen Blog?

Da ich vorwiegend medizinische Sachartikel schreibe, kann ich meine Ideen für alltägliche Situationen nirgendwo unterbringen. Zudem habe ich viele Interessen, sodass mir die Idee kam, kurze Beiträge zu allen möglichen Themen in einem Blog zu verfassen.

3. Was macht Dir an Deinem Blog besonders Spaß?

Dass ich schreiben kann, worüber ich will und auch Bilder sowie Videos einfügen kann. Das macht das Bloggen vielseitig und interessant.

4. Was nervt Dich am Bloggen?

Dass ich nicht so oft dazu komme, meine Ideen und Tipps festzuhalten.

5. Was und wen willst Du mit deinem Blog erreichen?

Ich möchte anderen mit meinen Tipps weiterhelfen und Anregungen zum Nachdenken geben.

6. Was ist Dein größter Traum?

Gesund zu sein.

7. Wie würdest Du die Welt verbessern?

Indem man den Menschen bereits in der Schule beibringt, sich freundlich und zugewandt miteinander auszutauschen.

8. Was machst Du, wenn Du nicht am Schreibtisch sitzt?

Malen, Fotografieren, Videos drehen, im Bett liegen, Geschichten ausdenken, Hörbücher hören, lesen.

9. Was magst Du gar nicht gern?

Streit, Arroganz, Gewalttätigkeit, Gleichgültigkeit

10. Was ist Dein Lieblingskinderbuch?

Ich habe viele Lieblingsbücher, unter anderem "Die Kinder von Bullerbü", "Petterson und Findus" und Mecki und seine Freunde"

11. Was ist Dein Lieblingseis?

Karamelleis

So gelingen gute Vorsätze wirklich

Schon liegt der Jahreswechsel einige Tage hinter uns und die guten Vorsätze klopfen bereits zart im Hinterkopf an, um Aufmerksamkeit zu erheischen. Gehört Ihr auch zu der willigen Spezies, die sich zum Ende jedes Jahres eine ganze Liste mit

Plänen macht? Dann sind bestimmt schon einige Punkte dieser überfüllten Sammlung etwas blasser um die Nase geworden und der erste Frust droht, zu Eurem besten Kumpanen zu werden. Bevor er sich neben Euch breit macht und sich Euren letzten Elan einverleibt, schubst ihn von der Couch und denkt noch einmal über Eure Pläne nach.

Feiert Euch und die schönen Erlebnisse

Noch ist das Jahr jung und Ihr habt Zeit, Eure Vorsätze zu überarbeiten. Das könnt Ihr natürlich jederzeit tun, dazu braucht es keinen Jahreswechsel! Für mich ist es zum Beispiel zu einem Ritual geworden, einen Tag im Sommerurlaub allein zu verbringen und Resümee zu ziehen - was ist gut und was passt mir nicht. Kürzlich sah ich ein Video von Alex Ikonn, der einige gute Tipps gab, im kommenden Jahr noch erfolgreicher zu werden. Der erste Schritt dazu besteht darin, sich alles zu notieren, was im letzten Jahr gut war. Situationen, in denen Ihr glücklich wart, die Ihr gut gemeistert habt oder in denen Ihr Euch einfach nur über etwas gefreut habt. Das können große, aber auch kleine Ereignisse sein. Setzt Euch hin und schreibt alles Positive auf, das Ihr erlebt habt. Ihr werdet erstaunt sein, wie viel dabei herauskommt! Feiert diese Momente und denkt mit Freude daran zurück!

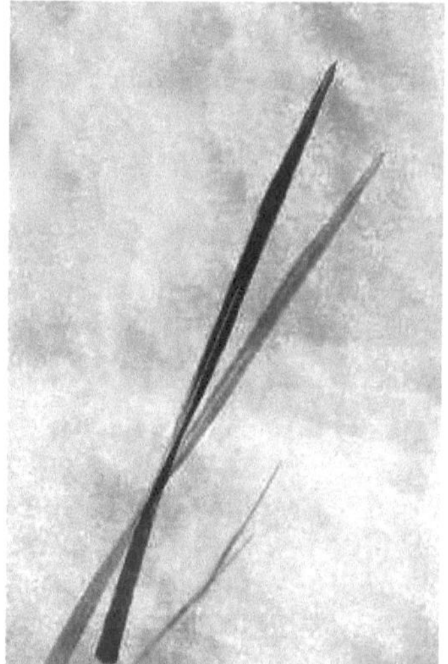

Plant nicht zu viel!

Nach dieser ersten Aufgabe schaut Ihr Euch alte Liste mit Vorsätzen an oder lasst sie vielleicht sogar lieber weg. Überlegt, was für Euch das Wichtigste ist, was Ihr definitiv in diesem Jahr ändern oder verbessern möchten. Stellt diesen Punkt an die erste Stelle. Notiert Euch vielleicht noch ein oder zwei kleinere Vorsätze, aber nicht mehr! Konzentriert Euch auf den Vorsatz Nummer eins und macht Euch einen realistischen Plan, wie Ihr Euer Ziel erreichen könnt. Steckt Euch nicht zu enge

Zeitrahmen, erwartet nicht zu viel von Euch, aber bleibt am Ball. Selbst wenn ein Tag oder eine Woche nicht so verläuft, wie Ihr es Euch vorgestellt habt, heißt das noch lange nicht, dass Ihr auf der Strecke geblieben seid. Aufstehen und weitergehen, das ist das Motto!

Nicht aufgeben!

Um Euch zu motivieren, notiert Euch in einem Buch jeden Schritt, der Euch Eurem Ziel näher gebracht hat. Analysiert Rückschläge und überlegt, was Ihr daraus lernen könnt. Betrachtet vermeintlich schlechte Erfahrungen als Hinweise, wie Ihr es besser machen könnt. Akzeptiert einen Durchhänger als das, was er ist - eine kleine Verschnaufpause. Aber gebt niemals auf! Glaubt an Euch und setzt Euren Plan in die Tat um. Nur so werdet Ihr Euch Euren Vorsatz erfüllen können.

Viel Erfolg für das Jahr 2014!

Wer hat Angst vorm bösen Wolf?

Gedankenfetzen

Menschen sind grausam. Das ist nichts Neues, gibt es doch genug Beispiele in der Vergangenheit und Gegenwart, die uns diese Eigenschaft vor Augen führen. Ich denke jedoch nicht an Mord und Krieg, Folter und Vergewaltigungen, sondern an die kleinen Grausamkeiten im Alltag. Wie schnell geht vielen Menschen ein Spruch über die Lippen, der die Anwesenheit von Ausländern, Arbeitslosen oder sogar Kindern beklagt! Immer wieder werden bei Facebook & Co entsprechende Plakate gepostet, auf denen Missfallen gegenüber den genannten Gruppen geäußert wird. Erstaunlich, wie viele auf "Gefällt mir" klicken!

"Ausländer nehmen uns die Arbeitsplätze weg!", jammern die einen.
"Arbeitslose leben auf unsere Kosten!", stöhnen andere.
"Kinder machen nur Krach, deswegen vermieten wir nur an kinderlose ältere Ehepaare!"
Typische Sätze, mit denen man sich gern über andere erhebt, anderen die Schuld zuschiebt. Sind es nicht unsere eigenen Fehler und Versäumnisse, die uns in eine missliche Lage bringen? Wird jemand arbeitslos, weil die Firma pleite ist, gehört man

plötzlich auch zu den Arbeitslosen, ob man will oder nicht. Und man findet sich in der Gruppe Menschen wieder, über die man sich möglicherweise kurz zuvor noch beschwert hat. Dann nämlich sieht die Welt ganz anders aus!

Probleme lassen sich jedenfalls nicht lösen, indem man bestimmte Mitmenschen ausklammert und anklagt. Mit dieser Einstellung sperrt man sich nur selbst ein, doch das ist den meisten wohl nicht bewusst. Wie seltsam und arm ist denn ein Verhalten, das andere Menschen verurteilt und über einen Kamm schert, ohne sie zu kennen?

Es ist nicht immer einfach, sich in andere hineinzuversetzen. Manchmal möchte man es vielleicht gar nicht, weil dann die Gefahr besteht, dass man Einblicke in ein Elend bekommt, das einem Angst macht. Und Angst will niemand haben. Wäre nicht allein das ein Grund, auf andere zu zugehen und ihnen die Hand zu reichen? Ihnen die Angst zu nehmen? Ihnen zu zeigen, dass sie nicht allein sind? Hilfe geben, wo sie gebraucht wird?

Zugegeben, es braucht viel Mut, um über seinen Schatten zu springen. Den Mut findet Ihr in Eurem Herzen. Horcht mal hinein!

Facebook – von Anwendern und Nebenwirkungen

Brauche ich nicht, kenne ich nicht, finde ich doof und/oder gefährlich. So lauten die Antworten vieler, wenn man sie fragt, ob sie Facebook benutzen. Erstaunlicherweise trifft man dann doch eine Reihe bekannter Leute dort wieder. Wenn auch nicht immer mit dem eigenen Gesicht. Dabei heißt Facebook ja genau übersetzt Gesichtsbuch. Manche sind so rücksichtsvoll und zeigen lieber andere Bilder, die das Auge des Betrachters wirklich entzücken. Das finde ich schön. Manche zeigen gleich eine ganze Reihe von Bildern, unter denen steht, dass sich der Künstler für den Kauf bei seinen Kunden bedankt. Ob die das wohl lesen?
Und dann gibt es noch Schnappschüsse, die selbst bei Unkenntlichkeit des Motivs den Mitfacebookern (auf Facebookisch: Freunde) nicht vorenthalten werden. Weil Hundi doch so brav sein Häufchen beim nächtlichen Gassi-Gehen gemacht hat (unterbelichtet) oder weil Baby so schreiend komisch ausgesehen hat, als es den gelben Schnee gegessen hat (überbelichtet). Kann man zur Not drüber weggucken.

Schwieriger wird es beim getippten Wort. Bei einigen Facebook-Anwendern sind es ganz, ganz viele Wörter. Kein Wunder, fragt Facebook doch jeden Teilnehmer: „Was machst Du gerade?“ Da fühlt sich so mancher gezwungen, hier und jetzt alles niederzuschreiben, was sonst niemand hören will. Jede noch so nebensächliche Aktion wird mit einer Detailverliebtheit notiert, dass der Leser nur noch staunen kann. Selbst Körpergeräusche werden kommentiert! Ja, wirklich!

Mit Begeisterung werden auch Sprüche gezeigt, die sich jemand anderes ausgedacht hat. Ob derjenige überhaupt gedacht hat, ist meistens unbekannt. Das Facebook-Mitglied freut sich jedenfalls, dass es sich das Denken hier schon mal sparen konnte. Einige denken auch noch selbst, manche allerdings in epischen Ausmaßen. Das wäre nicht weiter schlimm, wenn sie es nicht ebenso ausführlich mitteilten und von Höcksken auf Stöcksken kämen. Und wenn es spannend wäre. Nun gut, nicht jeder kann ein Bestseller-Autor sein. Das liegt aber nicht an den Verfassern, sondern an Facebook: Das Gesichtsbuch ist mit Vorsicht zu verwenden, denn es kann unangenehme Nebenwirkungen verursachen, zum Beispiel wie die beschriebene verbale Diarrhö. Und die kann leicht chronisch werden!

Tablette gegen Fernsehen

Eine neuartige Therapie wurde meinem Mann kürzlich in einem Göttinger Krankenhaus zuteil. Da er durch unstillbares Erbrechen auszutrocknen drohte, brauchte er einige Infusionen, um eine Thrombose zu verhindern. Dazu wurde er in ein Zweibettzimmer gebracht, in dem bereits ein anderer Patient lag.

Erschöpft von den vielen unruhigen Stunden freute sich mein Mann auf die kommende Nacht, aber er hatte nicht mit der Krimivorliebe seines Zimmernachbarn gerechnet. Normalerweise wäre dies kein Problem gewesen, da es für jedes Bett einen eigenen Fernseher inklusive Kopfhörer gab. Der Nachbar hatte jedoch eine eigenwillige Art, letzteren zu benutzen: Er hängte den Kopfhörer über den Haltegriff des Betts und stellte ihn auf volle Lautstärke, damit er alles verstehen konnte. Mein Mann leider auch und so bat er seinen Nachbarn, die Kopfhörer aufzusetzen. Das ginge nicht, behauptete dieser, sie wären kaputt. Mein Mann wollte keinen Krimi angucken, sondern nur seine Ruhe, daher bat er den Pfleger, seinem Nachbarn beizubiegen, dass jener etwas Rücksicht auf ihn nehmen sollte. Der Pfleger fragte meinen Mann: "Stört Sie der Fernseher?" Als mein Mann dies bejahte, holte ihm der Pfleger eine Schlaftablette. Der Nachbar schaute jedoch seelenruhig bis Mitternacht weiter fern. Und die Moral von der Geschicht': Wer seinen Zimmernachbarn im Krankenhaus beim Fernsehen stört, bekommt eine Schlaftablette!

Danke, Freunde!

Aus die Maus - so heißt es jedenfalls für uns Redakteure bei Suite101. Nachdem ich vor vier Jahren (2007) zunächst als Autorin, später als Ständige Autorin für Kreatives Gestalten, begann, Artikel zu vielen meiner Lieblingsthemen zu veröffentlichen, wurde ich schließlich als Redakteurin in das NETTESTE TEAM EVER aufgenommen. Mit großem Engagement versuchten wir, gemeinsam mit den Autoren ihre Artikel zu optimieren. Nicht jeder verstand dies so und fühlte sich trotz konstruktiver Kritik auf den Schlips getreten, aber die meisten Autoren nahmen unsere Hinweise dankbar an und setzten sie gern um. Auch ich selbst lernte viel: Redigieren, ohne einen Beitrag in eine starre Form zu pressen, ist nicht immer einfach. Da sind viele Richtlinien, die beachtet werden müssen, aber auch der sprachliche Ausdruck muss einen ansprechenden Charakter haben. Und doch soll jeder Autor natürlich seinen eigenen Schreibstil behalten. Dies alles unter einen Hut zu bringen, ist schon eine kleine Herausforderung, die viele inzwischen mit Bravour meistern.

Ich möchte mich nicht nur bei meinen Redakteurskollegen, sondern auch bei allen Autoren für die gute, zum Teil intensive und oft interessante Zusammenarbeit bedanken und würde mich freuen, wenn wir weiterhin verbunden bleiben! Die entstandenen Freundschaften sind für mich besonders wertvoll! Apropos: Als ich nach

einem Bild suchte, das uns Redakteure bei einem Meeting zeigt, stellte ich fest, dass ich dies unter "Freunde" abgespeichert habe.

Karneval: Hauptsache, besoffen!

Eigentlich liebe ich den Karneval. Was kann man doch für herrliche Kostüme zusammenstellen, sich schminken und in fremde Rollen schlüpfen! Mit viel Begeisterung hat sich meine Tochter ein Kleid genäht, ich habe ihre Haare gestylt und stolz ging sie in ihrer schicken Verkleidung heute Morgen zum Schulkarneval. Kurze Zeit später fuhr ich mit dem Fahrrad einkaufen und kam am Jülicher Schlossplatz vorbei, der auch für Festlichkeiten genutzt wird. Heute steht dort ein großes Zelt, in dem die Kinder und Jugendlichen nach den Schulveranstaltungen tanzen und feiern können.

Eigentlich - wie gesagt - eine schöne Sache. Als ich allerdings rund um das Zelt mindestens 10 Krankenwagen und fast ebenso viele Fahrzeuge vom THW sah, war diese Freude schlagartig verschwunden und ich hätte heulen können! Es wird nämlich wie jedes Jahr und trotz aller Ermahnungen und Belehrungen folgendermaßen ablaufen: Viele Kinder und Jugendliche gehen nur zu allen Veranstaltungen, um sich hemmungslos zu betrinken. Die Folgen sind ihnen egal – da können sie tausendmal aufgeklärt sein! Alle Versuche, dies zu unterbinden, scheitern regelmäßig – das Credo des Karnevals lautet offensichtlich: je besoffener, desto lustiger oder so ähnlich. Für mich ist der Karneval damit verdorben, die Kostüme machen mir keinen Spaß mehr und ich denke darüber nach, ob sich diese sich ständig wiederholende Situation nicht doch ändern lässt...

Mein schönstes Geschenk: 19°C und leichte Bewölkung!

Ein Geburtstag ist ja doch immer wieder etwas Besonderes: Man bekommt eine Menge Glückwünsche von lieben Freunden und Bekannten, schöne Geschenke, leckeres Essen usw. Was mich allerdings bisher am meistens freut, ist das Wetter! Wer hätte das gedacht! Nach der brütenden Hitze der letzten Tage - gefühlte 10 Wochen - sind es bis jetzt in Jülich nur 19°C (um 8.34 Uhr)!!! Was könnte es Schöneres geben, als erfrischt aufzuwachen und den Tag erholt zu beginnen? Mal sehen, wie lange das anhält...

Gute Vorsätze: Ein neues Jahr, neue Chancen

Gute Vorsätze haben die dumme Angewohnheit, schnell im Alltag unterzugehen. Damit das nicht so leicht passiert, fassen Sie Ihre Pläne in einem positiv formulierten Satz zusammen und hängen ihn gut sichtbar auf, z. B. über Ihrem Schreibtisch, im Badezimmer oder in der Küche. So wirft man immer wieder einen Blick darauf und kann sich motivieren lassen. Mein Motto für dieses Jahr habe ich in der kürzesten Rede von Winston Churchill gefunden:

Never! Never! Never give up!

Autorin des Blogs: Andrea Fettweis

Printed by Books on Demand GmbH, Norderstedt / Germany